KOMPLETNÍ KNIHA RECEPTŮ NÁMÁČKY A ŠÍŘENÍ

Proměňte obyčejné občerstvení na nevšední zážitky se 100 lahodnými recepty

Adam Majer

Materiál chráněný autorským právem ©2024

Všechna práva vyhrazena

Žádná část této knihy nesmí být použita nebo přenášena v jakékoli formě nebo jakýmikoli prostředky bez řádného písemného souhlasu vydavatele a vlastníka autorských práv, s výjimkou krátkých citací použitých v recenzi. Tato kniha by neměla být považována za náhradu lékařských, právních nebo jiných odborných rad.

OBSAH

OBSAH 3
ÚVOD 6
RANCH DIPS 7
   1. ZÁKLADNÍ DIP HEBED RANCH 8
   2. AVOKÁDOVÝ RANČ DIP 10
   3. SMOKY CHIPOTLE RANCH DIP 12
   4. KARI RANCH DIP 14
   5. WASABI RANCH DIP 16
   6. DIP COCONUT LIME RANCH 18
   7. DILL PICKLE RANCH DIP 20
HUMUS 22
   8. HUMMUS Z CUKETY A CIZRNY 23
   9. CITRONOVÁ CIZRNA A TAHINI HUMMUS 25
  10. ČESNEKOVÝ HUMMUS Z CIZRNY 27
  11. DIP Z PEČENÉHO LILKU 29
  12. SPIRULINA HUMMUS 32
  13. MATCHA A HUMMUS Z ČERVENÉ ŘEPY 34
  14. HUMMUS SUŠENÝCH RAJČAT 36
  15. CIZRNOVÝ HUMMUS S AQUAFABOU 38
  16. HUMMUS ZE SÓJOVÝCH KLÍČKŮ 40
  17. ŽÁDNÝ KMÍNOVÝ HUMMUS 42
  18. JALAPEÑO-CILANTRO HUMMUS 44
  19. YUZU HUMMUS 46
  20. BACK-TO-BASICS HUMMUS 48
  21. HUMMUS Z PEČENÉ ČERVENÉ PAPRIKY 50
  22. BÍLÁ FAZOLE A KOPR HUMMUS 52
  23. SMOKY CHIPOTLE-PINTO HUMMUS 54
  24. SEVEROINDICKÝ HUMMUS 56
  25. EXTRA JEMNÝ HUMMUS 58
  26. HUMMUS ZE SÓJOVÝCH BOBŮ 60
  27. HUMMUS Z CIZRNY NA KARI 62
  28. HUMMUS Z ČERVENÉ PAPRIKY (BEZ FAZOLÍ) 64
  29. CUKETOVÝ HUMMUS 66
  30. HUMMUS KAWARMA (JEHNĚČÍ) S CITRONOVOU OMÁČKOU ...68
  31. MUSABAHA A OPEČENÁ PITA 70
  32. SKUTEČNÝ HUMMUS 73
  33. ARTYČOKOVÝ HUMMUS 75
  34. CELER S HUMMUSEM Z BÍLÝCH FAZOLÍ 77
  35. EXOTICKÝ FAZOLOVÝ HUMMUS 79
  36. SVÁTEČNÍ HUMMUS 81
  37. HUMMUS SE SUŠENÝMI RAJČATY A KORIANDREM ...83

38. Hummus s opečenými piniovými oříšky a petrželovým olejem 85
39. Hummus s dýní a granátovým jablkem 87
40. Hummus s rajčatovou chutí 89
41. Nízkotučný hummus dip 91
42. Saskatchewanský hummus 93
43. Pesto hummus 95
44. Krémový květákový hummus 97
45. Hummus z pečené mrkve 99

BABA GANOUSH 101
46. Baba Ganoush 102
47. Dip z pečeného lilku s kouřovou pálenkou 104
48. Italská Baba Ghanoush 106
49. Řepa Baba Ganoush 108
50. Avokádo Baba Ganoush 110
51. Kari Baba Ganoush 112
52. Ořech Baba Ganoush 114
53. Baba Ganoush pečená červená paprika 116
54. Granátové jablko Baba Ganoush 118
55. Lilek ořechová pomazánka 120

GUACAMOLE 122
56. Garlicky Guacamole 123
57. Kozí sýr Guacamole 125
58. Hummus guacamole 127
59. Kimchi Guacamole 129
60. Spirulina Guacamole Dip 131
61. Limetkový kokosový guacamole 133
62. Nori Guacamole 135
63. Mučenka Guacamole 137
64. Moringa guacamole 139
65. Mojito Guacamole 141
66. Mimosa Guacamole 143
67. Slunečnicové guacamole 145
68. Dračí ovoce Guacamole 147

DIPS NA BÁZI TAHINI 149
69. Smetanový špenát-tahini dip 150
70. Pikantní Tahini dip z pečené červené papriky 152
71. Tahini dip s citronovou bylinkou 154
72. Krémový řepný tahini dip 156
73. Tahini Dip ze sušených rajčat a bazalky 158
74. Tahini dip z kurkumy a zázvoru 160
75. Tahini Dip s javorem a skořicí 162

SÝROVÉ DIPY 164
76. Cihlový sýrový dip 165

77. Dip s modrým sýrem a goudou 167
78. Dip se smetanovým sýrem a medem 169
79. Buvolí kuřecí dip 171
80. Pikantní dip z dýně a smetanového sýra 173
81. Bavorský párty dip/pomazánka 175
82. Párty dip z pečeného artyčoku 177
83. Hospodský sýrový dip 179
84. Nízkosacharidový dip na pizzu 181
85. Krabí rangoon dip 183
86. Pikantní dip s krevetami a sýrem 185
87. Dip z česneku a slaniny 187
88. Smetanový dip z kozího sýra Pesto 189
89. Horká pizza Super dip 191
90. Zapečený špenát a artyčokový dip 193
91. Artyčokový dip 195
92. Krémový artyčokový dip 197
93. Dip s koprem a smetanovým sýrem 199
94. Divoká rýže a chilli dip 201
95. Pikantní dip z dýně a smetanového sýra 203

ASIJSKÉ MÁČENÍ OMÁČKY 205
96. Meruňka a Chile Omáčka 206
97. Mango-ponzu omáčka 208
98. Sojová zázvorová omáčka 210
99. Pikantní arašídová omáčka 212
100. Sladká chilli omáčka s limetkou 214

ZÁVĚR 216

ÚVOD

Vítejte v knize „Kompletní receptury na dipy a pomazánky", vašeho dokonalého průvodce proměnou obyčejného občerstvení na nevšední zážitky se 100 lahodnými recepty. Ať už pořádáte večírek, bavíte hosty nebo si prostě jen dopřáváte příjemný večer, tato kuchařka je vaším pasem do světa chutí a kreativity. Od klasických dipů po inovativní pomazánky, každý recept je navržen tak, aby pozvedl vaši hru s občerstvením a potěšil vaše chuťové pohárky.

V této kuchařce objevíte rozmanitou řadu receptů, které oslavují umění namáčení a natírání. Od krémového hummusu a pikantní salsy až po lahodné sýrové pomazánky a dekadentní dezertní dipy, je tu něco pro každou chuť a příležitost. Ať už máte chuť na něco slaného, sladkého, kořeněného nebo pikantního, najdete zde recept, který uspokojí vaše chutě na svačinu a udělá dojem na hosty.

Co odlišuje "KOMPLETNÍ KNIHA RECEPTŮ NÁMÁČKY A ŠÍŘENÍ" je jeho důraz na jednoduchost, všestrannost a kreativitu. Ať už jste zkušený domácí kuchař nebo nováček v kuchyni, tyto recepty jsou navrženy tak, aby se daly snadno dodržovat a přizpůsobily se vašim chuťovým preferencím a dietním potřebám. S minimem ingrediencí a přímočarými pokyny můžete během okamžiku namíchat várku domácích dipů a pomazánek a proměnit tak každodenní občerstvení v gurmánský zážitek.

V této kuchařce najdete praktické tipy pro podávání a uchovávání dipů a pomazánek a také úžasné fotografie, které inspirují vaše kulinářské dobrodružství. Ať už pořádáte neformální setkání s přáteli, slavíte zvláštní příležitost nebo si prostě dopřáváte lahodnou svačinku, „Kompletní receptura na dipy a pomazánky" má vše, co potřebujete, abyste své občerstvení posunuli na další úroveň.

RANCH DIPS

1.Základní dip Hebed Ranch

SLOŽENÍ:
- 1 hrnek majonézy
- ½ hrnku obyčejného řeckého jogurtu
- 1½ lžičky sušené pažitky
- 1½ lžičky sušené petrželky
- 1½ lžičky sušeného kopru
- ¾ lžičky granulovaného česneku
- ¾ lžičky granulované cibule
- ½ lžičky soli
- ¼ lžičky černého pepře

INSTRUKCE:
a) Kombajn všechny přísady v A malý miska.
b) Dovolit na sedět v a lednice pro 30 minut před porce.

2.Avokádový ranč Dip

SLOŽENÍ:
- 1 zralé avokádo, oloupané a vypeckované
- 1/2 šálku zakysané smetany
- 1/4 šálku majonézy
- 1 polévková lžíce čerstvě vymačkané limetkové šťávy
- 2 lžíce nasekaného čerstvého koriandru
- 1 stroužek česneku, nasekaný
- 1/2 lžičky cibulového prášku
- Sůl a pepř na dochucení
- Volitelně: nasekané jalapeño pro zvýšení tepla

INSTRUKCE:
a) V mixovací misce rozmačkejte zralé avokádo do hladka.
b) Přidejte zakysanou smetanu, majonézu, limetkovou šťávu, nasekaný koriandr, nasekaný česnek, cibulový prášek a případně nasekané jalapeño.
c) Míchejte, dokud se dobře nespojí a nebude krémová.
d) Dochuťte solí a pepřem podle chuti.
e) Přeneste avokádový rančový dip do servírovací misky.
f) Podávejte s tortilla chipsy, zeleninovými tyčinkami nebo jako krémovou polevu na tacos nebo nachos.

3.Smoky Chipotle Ranch Dip

SLOŽENÍ:
- 1/2 šálku zakysané smetany
- 1/4 šálku majonézy
- 1 lžíce chipotle paprik v adobo omáčce, mleté
- 1 polévková lžíce čerstvě vymačkané limetkové šťávy
- 1 lžička uzené papriky
- 1/2 lžičky česnekového prášku
- 1/2 lžičky cibulového prášku
- Sůl a pepř na dochucení
- Volitelně: nakrájený čerstvý koriandr na ozdobu

INSTRUKCE:
a) V míse smíchejte zakysanou smetanu, majonézu, mleté chipotle papriky, limetkovou šťávu, uzenou papriku, česnekový prášek a cibulový prášek.
b) Míchejte, dokud se dobře nepromísí.
c) Dochuťte solí a pepřem podle chuti.
d) V případě potřeby ozdobte nasekaným čerstvým koriandrem.
e) Přeneste kouřový chipotle ranch dip do servírovací misky.
f) Podávejte s křupavými batátovými hranolky, kuřecími křidélky nebo použijte jako pikantní omáčku ke grilované zelenině.

4.Kari Ranch Dip

SLOŽENÍ:
- 1/2 šálku řeckého jogurtu
- 1/4 šálku majonézy
- 1 lžíce kari
- 1 lžička medu
- 1 stroužek česneku, nasekaný
- 1 lžíce čerstvě nasekaného koriandru
- 1 lžíce čerstvě nasekané máty
- 1 lžička citronové kůry
- Sůl a pepř na dochucení

INSTRUKCE:
a) V míse smíchejte řecký jogurt, majonézu, kari, med, mletý česnek, nasekaný koriandr, nasekanou mátu a citronovou kůru.
b) Míchejte, dokud se všechny ingredience dobře nespojí.
c) Dochuťte solí a pepřem podle chuti.
d) Přeneste kari rančový dip do servírovací misky.
e) Podávejte se zeleninovými crudites, pita chipsy nebo jako omáčka k samosám nebo pakorám.

5. Wasabi Ranch Dip

SLOŽENÍ:
- 1/2 šálku zakysané smetany
- 1/4 šálku majonézy
- 1 polévková lžíce připravené wasabi pasty
- 1 lžíce rýžového octa
- 1 lžička sójové omáčky
- 1 zelená cibule, jemně nakrájená
- 1/2 lžičky sezamových semínek (volitelně)
- Sůl a pepř na dochucení

INSTRUKCE:
a) V míse smíchejte zakysanou smetanu, majonézu, wasabi pastu, rýžový ocet, sójovou omáčku, nakrájenou zelenou cibulku a sezamová semínka (pokud používáte).
b) Míchejte, dokud se všechny ingredience dobře nespojí.
c) Dochuťte solí a pepřem podle chuti.
d) Přeneste wasabi rančový dip do servírovací misky.
e) Podávejte se sushi, tempurou nebo použijte jako omáčku na krevety nebo sushi rolky.

6.Dip Coconut Lime Ranch

SLOŽENÍ:
- 1/2 šálku kokosové smetany
- 1/4 šálku řeckého jogurtu
- 1 lžíce majonézy
- Kůra a šťáva z 1 limetky
- 1 lžíce čerstvě nasekaného koriandru
- 1 lžíce čerstvě nasekané máty
- 1 lžička medu
- Sůl a pepř na dochucení

INSTRUKCE:
a) V míse smíchejte kokosovou smetanu, řecký jogurt, majonézu, limetkovou kůru, limetkovou šťávu, nasekaný koriandr, nasekanou mátu a med.
b) Mixujte, dokud nebude hladká a krémová.
c) Dochuťte solí a pepřem podle chuti.
d) Přeneste kokosový limetkový rančový dip do servírovací misky.
e) Podávejte s tropickým ovocem, grilovanými krevetami nebo použijte jako omáčku na kokosové krevety.

7.Dill Pickle Ranch Dip

SLOŽENÍ:

- 1/2 šálku zakysané smetany
- 1/4 šálku majonézy
- 1/4 šálku jemně nasekané koprové okurky
- 1 lžíce šťávy z okurek
- 1 lžíce nasekaného čerstvého kopru
- 1 lžička cibulového prášku
- Sůl a pepř na dochucení

INSTRUKCE:

a) V míse smíchejte zakysanou smetanu, majonézu, jemně nasekané koprové okurky, šťávu z okurek, nasekaný čerstvý kopr a cibulový prášek.
b) Míchejte, dokud se všechny ingredience dobře nespojí.
c) Dochuťte solí a pepřem podle chuti.
d) V případě potřeby upravte koření.
e) Přeneste koprový nálev z ranče do servírovací misky.
f) Podáváme s bramborovými lupínky, mrkvovými tyčinkami nebo jako dip ke smaženým okurkám.

HUMUS

8.Hummus z cukety a cizrny

SLOŽENÍ:
- 1 plechovka cizrny, okapaná a propláchnutá
- 1 stroužek česneku, nasekaný
- 1 zelená cuketa, nakrájená
- Hrst nasekané petrželky
- Hrst nasekané bazalky
- Himalájská nebo mořská sůl
- Čerstvě mletý černý pepř
- 4 lžíce olivového oleje
- Šťáva z čerstvé citronové šťávy

INSTRUKCE:
a) Vše rozmixujte.

9. Citronová cizrna a tahini hummus

SLOŽENÍ:
- Citronová šťáva z ½ citronu
- 1 konzerva sušené cizrny, namočené
- 1 stroužek česneku
- 1 polévková lžíce tahini
- 1 lžíce olivového oleje

INSTRUKCE:
a) Vše rozmixujte do hladka.

10. Česnekový hummus z cizrny

SLOŽENÍ:
- 2 stroužky česneku
- 1 plechovka cizrny
- 1 polévková lžíce tahini
- Citronová šťáva z 1 citronu
- 1 lžíce olivového oleje

INSTRUKCE:
a) V míse smícháme všechny ingredience.

11. Dip z pečeného lilku

SLOŽENÍ:
- 3 střední lilky s kůže (ta velký, kolo, nachový odrůda)
- 2 polévkové lžíce olej
- 1 hromadění čajová lžička z kmín semena
- 1 čajová lžička přízemní koriandr
- 1 čajová lžička kurkuma prášek
- 1 velký žlutá nebo Červené cibule, oloupané a na kostičky
- 1 kousek Zrzavý vykořenit, oloupané a strouhaný nebo mletý
- 8 hřebíček česnek, oloupané a strouhaný nebo mletý
- 2 střední rajčata, oloupané (li možný) a na kostičky
- 4 zelená thajština, serrano, nebo cayenne Chiles, sekaný
- 1 čajová lžička Červené Chile prášek nebo cayenne
- 1 lžíce Hrubý moře sůl

INSTRUKCE:
a) Soubor an trouba nosič na a druhý nejvyšší pozice. Předehřejte a brojler na 500 °F (260 °C). Čára A pečení prostěradlo s hliník fólie na vyhýbat se A nepořádek později.
b) Strčit díry v a lilek s A Vidlička (na uvolnění parní) a místo jim na a pečení prostěradlo. Grilovat pro 30 minut, otáčení jednou. The kůže vůle být zuhelnatělý a Spálený v nějaký oblasti když ony jsou Hotovo. Odstranit a pečení prostěradlo z a trouba a nechat a lilek chladný pro na nejméně 15 minut. S A ostrý nůž, stříh A rozdělit podélně z jeden konec z každý lilek na a jiný, a SEM to OTEVŘENO mírně. Lopatka ven a opečený maso uvnitř, bytost opatrný na vyhýbat se a parní a zachránit tak jako hodně džus tak jako možný. Místo a opečený lilek maso v A miska — budeš mít o 4 poháry (948 ml).
c) v A hluboký, těžký pánev, teplo a olej přes středně vysoký teplo.
d) Přidat a kmín a kuchař až do to syčí o 30 sekundy.
e) Přidat a koriandr a kurkuma. Směs a kuchař pro 30 sekundy.
f) Přidat a cibule a hnědý pro 2 minut.
g) Přidat a Zrzavý vykořenit a česnek a kuchař pro 2 více minut.
h) Přidat a rajčata a chiles. kuchař pro 3 minut, až do a směs změkčuje.

i) Přidat a maso z a opečený lilky a kuchař pro další 5 minut, míchání občas na vyhýbat se lepení.
j) Přidat a Červené Chile prášek a sůl. Na tento směřovat, vy by měl taky odstranit a vyřadit žádný zbloudilý kousky z zuhelnatělý lilek kůže.
k) Směs tento směs použitím an ponoření mixér nebo v A samostatný mixér. Ne přehánět to — tam by měl ještě pořád být nějaký textura. Sloužit s opečené naan plátky, sušenky, nebo tortilla bramborové hranolky. Vy umět taky sloužit to tradičně s an indický jídlo z roti, čočka, a raita.

12. Spirulina Hummus

SLOŽENÍ:
- 1 umět cizrna, vyčerpaný, kapalina Rezervováno
- 1 lžíce olivový olej
- 2 lžičky tahini
- 1 lžíce čerstvě lisované citrón džus
- 1 stroužek česnek, rozdrcený
- ½ čajová lžička sůl

INSTRUKCE:
a) Místo a cizrna, olivový olej, tahini, citrón džus, česnek, a sůl v A jídlo procesor.
b) Otočit se na a jídlo procesor a pomalu nalévat v nějaký z a Rezervováno cizrna kapalina zatímco a stroj běží.
c) Když a směs je plně kombinovaný a hladký, převod to do A porce jídlo.

13. Matcha a hummus z červené řepy

SLOŽENÍ:
- ½ čajová lžička Matcha prášek
- 400 g cín cizrna, vyčerpaný a opláchnutý
- 250 g vařené červená řepa
- 1 česnek stroužek
- 2 polévkové lžíce tahini
- 2 čajová lžička přízemní kmín
- 100 ml další panna olivový olej
- Džus z citrón
- Sůl na chuť

INSTRUKCE:
a) Přidat Všechno ingredience až na a cizrna do vaše mixér/jídlo procesor. Směs až do hladký.
b) Přidat a cizrna a směs znovu až do hladký a Lahodné!

14. Hummus sušených rajčat

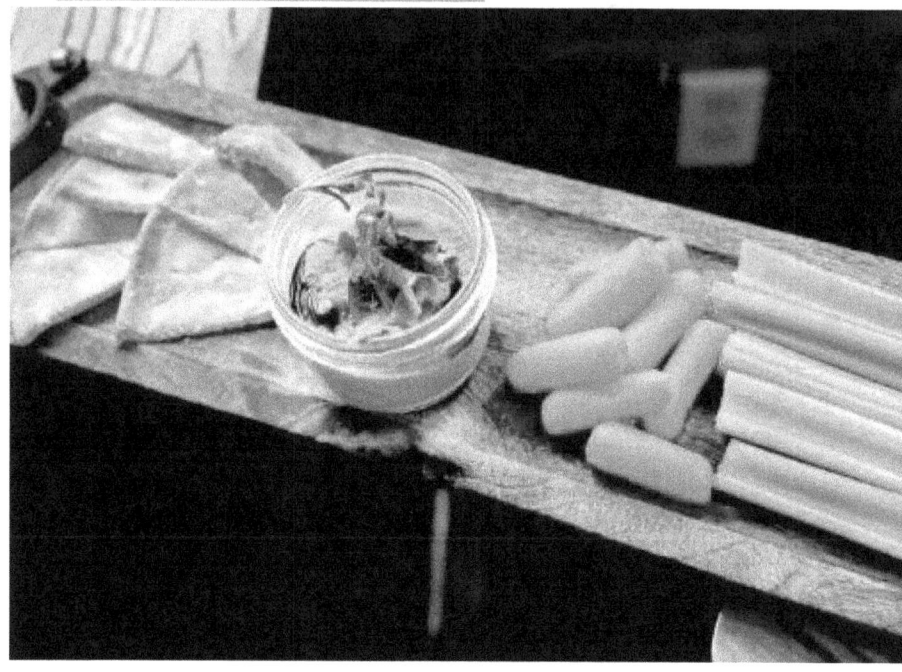

SLOŽENÍ:
- 8,5 unce sklenice z sušené na slunci rajčata v olej
- 8,8 unce sklenice z pečený v troubě rajčata v olej
- #10 umět z garbanzo fazole, vyčerpaný a opláchnutý
- 2 polévkové lžíce tahini vložit
- 2 polévkové lžíce cibule prášek
- 2 lžičky paprika
- 2 polévkové lžíce sekaný česnek
- 1 pohár teplý voda
- 1 pohár zeleniny olej
- 4 lžičky citrón džus
- Sůl a pepř na chuť

INSTRUKCE:
a) Přidat sušené na slunci rajčata, opečený rajče, a tahini vložit na a jídlo procesor. Použití 1 lžíce z voda na tenký ven a směs. Směs až do hladký.
b) Přidat garbanzo fazole, cibule prášek, česnek, paprika, a citrón džus. Otočit se a procesor na nízký a směs.
c) Pomalu přidat voda a olej, na uvolnit a čepel, a dovolit a humus na směs až do hladký.
d) Opakovat a proces s a druhý šarže z přísad.

15. Cizrnový hummus s aquafabou

SLOŽENÍ:
- 2 poháry konzervy cizrna
- 2 hřebíček česnek
- 4 polévkové lžíce na rostlinné bázi tahini
- 2 polévkové lžíce citrón džus, čerstvě vymačkaný
- 2 lžičky kmín prášek
- 1 čajová lžička sůl
- ½ lžičky chilli prášek

AQUAFABA
- ½ pohár cizrna kapalina

PLEVA
- Koriandr
- Koriandr semena
- Chilli prášek
- Celý cizrna

INSTRUKCE:
NA UDĚLAT THE AQUAFABA:
a) Li a cizrna kapalina obsahuje A hodně z malý bitů z fazole, kmen to přes A pokuta pletivo filtr na odstranit jim.
b) Lehce metla a kapalina až do pěnivý, pak opatření ven a Požadované množství z aquafaba.

NA UDĚLAT THE HUMUS:
c) Místo a cizrna, česnek, a aquafaba v A jídlo procesor sklenice a pyré až do hladký.
d) Přidat tahini, citrón džus, kmín, sůl, a chilli prášek na chuť.
e) Proces na vysoký Rychlost až do a humus je hladký a krémová. Li nutné, spritz s voda.
f) Naběračka a humus do A porce miska a horní s čerstvý koriandr listy a semena.
g) Dejte do lednice v an vzduchotěsný kontejner pro nahoru na 5 dní.

16. Hummus ze sójových klíčků

SLOŽENÍ:
- 480 g vařené sójové boby
- 285 g žlutá bonbón kukuřice
- 10 sušené na slunci rajče půlky
- 2 lžičky. česnek prášek
- ½ lžičky paprika prášek
- ½ čajová lžička sušené bazalka
- 1 čajová lžička cibule prášek
- 2 polévkové lžíce nutriční droždí
- 2 polévkové lžíce citrón džus
- Voda

INSTRUKCE:
a) Namočit a sušené na slunci rajče půlky v horký voda pro na nejméně jeden hodina.
b) Vypusťte a důkladně opláchněte.
c) Kombajn Všechno z ingredience v A jídlo procesor a proces až do hladký a krémová.

17. Žádný kmínový hummus

SLOŽENÍ:
- 2 poháry z cizrna, vyčerpaný s voda soubor stranou
- 1/2 pohár tahini
- Česnek Vložit
- Džus z 6 limetky
- Sůl a pepř.
- A velmi světlo posypat z Červené chilli pepř vločky

INSTRUKCE:
a) Směs v A mixér.
b) Li také tlustý, přidat více voda z a cizrna na hladký to ven.

18. Jalapeño-Cilantro Hummus

SLOŽENÍ:
- 1 (15 uncí) umět cizrna, vyčerpaný a opláchnutý
- 1 pohár koriandr listy, Plus další pro obloha
- 2 malý jalapeños, nasazený a hrubě sekaný
- 1 česnek stroužek
- ¼ pohár čerstvý Limetka džus
- 2 polévkové lžíce tahini (sezam vložit)
- 1 lžíce olivový olej

INSTRUKCE:
a) v A jídlo procesor, pyré a cizrna, koriandr, jalapeños, a česnek až do hladký.
b) Přidat a Limetka džus, tahini, a olej a proces až do studna smíšené. Li a směs je také tlustý, přidat voda, 1 lžíce na A čas, až do a požadovaný konzistence je dosaženo.
c) Sloužit a humus ihned, zdobené s další koriandr, nebo Pokrýt a chladit to pro nahoru na 2 dní.

19.Yuzu Hummus

SLOŽENÍ:
- 2 šálky vařené cizrny (garbanzo fazole)
- 1/4 šálku (59 ml) čerstvé šťávy Yuzu
- 1/4 šálku (59 ml) tahini
- Polovina velkého stroužku česneku, mletého
- 2 polévkové lžíce olivového oleje nebo římského kmínu a další pro podávání
- 1/2 až 1 lžička soli
- 1/2 lžičky mletého kmínu
- 2 až 3 polévkové lžíce vody
- K podávání špetka mleté papriky

INSTRUKCE:

a) Kombajn tahini a yuzu džus a směs pro 1 minuta. Přidat a olivový olej, mletý česnek, kmín a a sůl na tahini a citrón směs. Proces pro 30 sekundy, škrábanec strany a pak proces 30 sekundy více.

b) Přidat polovina z a cizrna na a jídlo procesor a proces pro 1 minuta. Škrábanec strany, přidat zbývající cizrna a proces pro 1 na 2 minut.

c) Převod a humus do A miska pak mrholení o 1 polévkové lžíce z olivový olej přes a horní a posypat s paprika.

20. Back-To-Basics Hummus

SLOŽENÍ:

- 3 na 4 česnek hřebíček
- 11/2 poháry vařené nebo 1 (15,5 unce) umět cizrna, vyčerpaný a opláchnutý
- 1 šálek šťávy z 1 citrón
- 1/2 čajová lžička sůl
- 1/8 čajová lžička přízemní cayenne
- 2 polévkové lžíce olivový olej
- Bonbón nebo uzený paprika, pro obloha

INSTRUKCE:

a) v A jídlo procesor, proces a česnek až do jemně mletý. Přidat a cizrna a tahini a proces až do hladký. Přidat a citrón džus, sůl na chuť, a cayenne a proces až do studna kombinovaný.
b) S a stroj běh, proud v a olej a proces až do hladký.
c) Chuť, upravování koření -li nutné. Převod na A střední miska a posypat s paprika na sloužit. Li ne použitím že jo pryč, Pokrýt a chladit až do potřeboval.
d) Správně uloženy to vůle držet v a lednička pro nahoru na 4 dní.

21.Hummus z pečené červené papriky

SLOŽENÍ:
- 2 česnek hřebíček, rozdrcený
- 1½ poháry vařené nebo 1 (15,5 unce) umět cizrna, vyčerpaný a opláchnutý
- 2 opečený Červené papriky
- 1 lžíce čerstvý Limetka džus
- Sůl
- Přízemní cayenne

INSTRUKCE:
a) v A jídlo procesor, proces a česnek až do jemně mletý. Přidat a cizrna a Červené pepř a proces až do hladký.
b) Přidat a Limetka džus a sůl a cayenne na chuť. Proces až do studna smíšené. Chuť, upravování koření -li nutné.
c) Převod na A střední miska a sloužit. Li ne použitím že jo pryč, Pokrýt a chladit až do potřeboval. Správně uložené, to vůle držet pro nahoru na 3 dní.

22.Bílá fazole a kopr Hummus

SLOŽENÍ:
- 2 česnek hřebíček, rozdrcený
- 1 1/2 poháry vařené nebo 1 (15,5 unce) umět bílý fazole, takový tak jako Skvělý Severní, vyčerpaný a opláchnutý
- 2 polévkové lžíce čerstvý citrón džus
- 1/4 pohár čerstvý kopr nebo 2 polévkové lžíce sušené
- 1/8 čajová lžička přízemní cayenne
- 2 polévkové lžíce olivový olej

INSTRUKCE:
a) v A jídlo procesor, proces a česnek až do jemně mletý. Přidat a cizrna a tahini a proces až do hladký. Přidat a citrón džus, koprovec, sůl, a cayenne a proces až do studna smíšené.
b) S a stroj běh, proud v a olej a proces až do hladký. Chuť, upravování koření -li nutné. Převod na A střední miska a Pokrýt a chladit 2 hodin před porce. The příchutě zlepšit a zesílit -li vyrobeno vpřed. Správně uložené, to vůle držet pro nahoru na 3 dní.

23. Smoky Chipotle-Pinto Hummus

SLOŽENÍ:
- 1 česnek stroužek, rozdrcený
- 11/2 poháry vařené nebo 1 (15,5 unce) umět pinto fazole, vyčerpaný a opláchnutý
- 2 lžičky čerstvý Limetka džus
- Sůl a čerstvě přízemní Černá pepř
- 1 lžíce jemně mletý zelená cibule, pro obloha

INSTRUKCE:
a) v A jídlo procesor, proces a česnek až do jemně mletý. Přidat a fazole a chipotle a proces až do hladký. Přidat a Limetka džus a sůl a pepř na chuť. Proces až do studna smíšené.
b) Převod na A střední miska a posypat s a zelená cibule. Sloužit že jo pryč nebo Pokrýt a chladit pro 1 na 2 hodin na dovolit a příchutě na zesílit.
c) Správně uložené, to vůle držet pro nahoru na 3 dní.

24. Severoindický hummus

SLOŽENÍ:
- 2 poháry (396 G) vařené Celý fazole nebo čočka
- Džus z 1 střední citrón
- 1 stroužek česnek, oloupané, ořezané a hrubě sekaný
- 1 čajová lžička Hrubý moře sůl
- 1 čajová lžička přízemní Černá pepř
- ½ čajová lžička Opečený Přízemní Kmín
- ½ čajová lžička přízemní koriandr
- ¼ pohár (4 G) sekaný čerstvý koriandr
- ⅓ pohár (79 ml) Plus 1 lžíce olivový olej
- 1–4 polévkové lžíce (15–60 ml) voda
- ½ čajová lžička paprika, pro obloha

INSTRUKCE:
a) v A jídlo procesor, kombajn a fazole nebo čočka, citrón džus, česnek, sůl, Černá pepř, kmín, koriandr, a koriandr. Proces až do studna smíšený.
b) S a stroj ještě pořád běh, přidat a olej. Pokračovat na proces až do a směs je krémová a hladký, přidávání voda tak jako potřeboval, 1 lžíce na A čas.

25. Extra jemný hummus

SLOŽENÍ:

- 2 (14 uncí) plechovky cizrna
- 2 česnek hřebíček, rozbitý
- ¼ čajová lžička přízemní kmín
- Džus z 1 citrón, Plus více tak jako potřeboval
- ½ pohár tahini
- 2 polévkové lžíce extra panenský olivový olej, Plus více pro porce
- Vločkovitý moře sůl
- Opečené borovice ořechy, pro porce (volitelný)

INSTRUKCE:

a) v a tlak sporák hrnec, kombajn a cizrna, a kapalina z a plechovky, a a česnek. Zámek a víčko v místo a kuchař na vysoký tlak pro 10 minut. Rychlý nebo přírodní uvolnění, pak OTEVŘENO když a tlak ustupuje.

b) Rezervovat ½ pohár z a vaření kapalina a vypustit a odpočinek. Převod a cizrna a česnek na A jídlo procesor a puls až do většinou hladký, o 3 minut. Přidat a kmín, citrón džus, tahini, a olivový olej a puls na kombajn, o 1 minuta. Zatímco pyré, pomalu přidat a Rezervováno vaření kapalina, 1 lžíce na A čas, až do vaše požadovaný konzistence je dosaženo. Chuť a přidat sůl tak jako potřeboval.

c) Lžíce a humus do A miska. Sloužit s olivový olej a opečené borovice ořechy, -li požadovaný. Obchod a humus chlazený v an vzduchotěsný kontejner pro nahoru na 1 týden.

26. Hummus ze sójových bobů

SLOŽENÍ:
- 1 pohár Schnout sója fazole - promočený a vyčerpaný
- 3 polévkové lžíce Citrón džus
- ¼ pohár Olivový olej
- 2 polévkové lžíce Sekaný čerstvý petržel
- 1 Česnek stroužek
- Sůl a pepř

INSTRUKCE:
a) Pyré všechny přísady v A jídlo procesor až do hladký.
b) Užívat si.

27. Hummus z cizrny na kari

SLOŽENÍ:
- 1/2 pohár schnout cizrna; promočený
- 1 záliv list
- 1/4 čajová lžička práškový kmín
- 1/4 chomáč Petržel; sekaný.
- 1/4 čajová lžička paprika
- 2 česnek hřebíček
- 1 Lžíce tahini
- 1/2 citrón; odšťavněný
- 1/4 čajová lžička moře sůl
- 1 Lžíce olivový olej

INSTRUKCE:
a) v an Okamžitý Hrnec, kombajn 3 poháry voda, cizrna, záliv list, a česnek hřebíček.
b) Zavřít a okamžitý hrnec víčko a kuchař na vysoký tlak pro 18 minut.
c) Dělat A Přírodní uvolnění a OTEVŘENO a okamžitý hrnec Pokrýt když to pípne.
d) Odstranit a záliv list a kmen a vařené cizrna.
e) Opéct pro 2 minut v a Okamžitý Hrnec s a olej a a další přísad. Směs.
f) Kombajn všechny přísady v A míchání miska a sloužit.

28.Hummus z červené papriky (bez fazolí)

SLOŽENÍ:
- ½ pohár sezam semena, přízemní do A prášek
- 2 lžičky sekaný česnek
- 1 čajová lžička moře sůl
- 2 poháry nasazený a na kostičky Červené zvonek pepř
- 1/3 pohár tahini
- ¼ pohár citrón džus
- ½ čajová lžička přízemní kmín

INSTRUKCE:
a) v A jídlo procesor, proces a sezam semena, česnek, a sůl do malý kousky.
b) Přidat a zbývající přísady a proces až do hladký.
c) Vůle držet pro 2 dní v a lednička.

29.Cuketový hummus

SLOŽENÍ:

- 4 poháry cuketa, sekaný
- 3 polévkové lžíce vegetarián skladem
- ¼ pohár olivový olej
- Sůl a Černá pepř na a chuť
- 4 česnek hřebíček, mletý
- ¾ pohár sezam semena vložit
- ½ pohár citrón džus
- 1 lžíce kmín, přízemní

INSTRUKCE:

a) Soubor vaše okamžitý hrnec na restovat režim, přidat polovina z a olej, teplo to nahoru, přidat cuketa a česnek, míchat a kuchař pro 2 minut.
b) Přidat skladem, sůl a pepř, Pokrýt hrnec a kuchař na Vysoký pro 4 minut více.
c) Převod cuketa na vaše mixér, přidat a odpočinek z a olej, sezam semena vložit, citrón džus a kmín, puls studna, převod na bowls a sloužit tak jako A Svačina.
d) Užívat si!

30. Hummus Kawarma (jehněčí) s citronovou omáčkou

SLOŽENÍ:
KAWARMA
- 10½ oz / 300 G krk filé z jehněčí, jemně sekaný podle ruka
- ¼ lžička čerstvě přízemní Černá pepř
- ¼ lžička čerstvě přízemní bílý pepř
- 1 lžička přízemní nové koření
- ½ lžička přízemní skořice
- dobrý štípnout z čerstvě strouhaný muškátový oříšek
- 1 lžička rozdrcený sušené za'atar nebo oregano listy
- 1 polévková lžíce bílý víno ocet
- 1 polévková lžíce sekaný máta
- 1 polévková lžíce sekaný plochý list petržel
- 1 lžička sůl
- 1 polévková lžíce nesolené máslo nebo ghí
- 1 lžička olivový olej

CITRÓN OMÁČKA
- ⅓ oz / 10 G plochý list petržel, jemně sekaný
- 1 zelená Chile, jemně sekaný
- 4 polévková lžíce čerstvě vymačkaný citrón džus
- 2 polévková lžíce bílý víno ocet
- 2 hřebíček česnek, rozdrcený
- ¼ lžička sůl

INSTRUKCE:
a) Na udělat a kawarma, místo Všechno ingredience odděleně z a máslo nebo ghí a olej v A střední miska. Směs studna, Pokrýt, a dovolit a směs na marinovat v a lednička pro 30 minut.

b) Prostě před vy jsou připraven na kuchař a maso, místo Všechno ingredience pro a citrón omáčka v A malý miska a míchat studna.

c) Teplo a máslo nebo ghí a a olivový olej v A velký smažení pánev přes středně vysoký teplo. Přidat a maso v dva nebo tři šarží a míchat tak jako vy potěr každý šarže pro 2 minut. The maso by měl být světlo růžový v a střední.

d) Rozdělit a humus mezi 6 individuální mělký bowls, odcházející A nepatrný dutý v a centrum z každý. Lžíce a teplý kawarma do a dutý a rozptyl s a Rezervováno cizrna. Mrholení velkorysé s a citrón omáčka a obloha s nějaký petržel a a borovice ořechy.

31. Musabaha a opečená pita

SLOŽENÍ:
- 1¼ poháry / 250 G sušené cizrna
- 1 lžička pečení soda
- 1 polévková lžíce přízemní kmín
- 4½ polévková lžíce / 70 G světlo tahini vložit
- 3 polévková lžíce čerstvě vymačkaný citrón džus
- 1 stroužek česnek, rozdrcený
- 2 polévková lžíce ledově studený voda
- 4 malý pitas (4 oz / 120 G v celkový)
- 2 polévková lžíce olivový olej
- 2 polévková lžíce sekaný plochý list petržel
- 1 lžička bonbón paprika
- sůl a čerstvě přízemní Černá pepř

TAHINI OMÁČKA
- 5 polévková lžíce / 75 G světlo tahini vložit
- ¼ pohár / 60 ml voda
- 1 polévková lžíce čerstvě vymačkaný citrón džus
- ½ stroužek česnek, rozdrcený

CITRÓN OMÁČKA
- ⅓ oz / 10 G plochý list petržel, jemně sekaný
- 1 zelená Chile, jemně sekaný
- 4 polévková lžíce čerstvě vymačkaný citrón džus
- 2 polévková lžíce bílý víno ocet
- 2 hřebíček česnek, rozdrcený
- ¼ lžička sůl

INSTRUKCE:
a) Následovat a Základní humus recept pro a metoda z namáčení a vaření a cizrna, ale kuchař jim A málo méně; ony by měl mít A málo odpor vlevo, odjet v jim ale ještě pořád být plně vařené. Vypusťte a vařené cizrna, rezervování ⅓ poháry / 450 G) s a Rezervováno vaření voda, a kmín, ½ čajová lžička sůl, a ¼ čajová lžička pepř. Držet a směs teplý.

b) Místo a zbývající cizrna (1 pohár / 150 G) v A malý jídlo procesor a proces až do vy dostat A tuhý vložit. Pak, s a stroj ještě pořád běh, přidat a tahini vložit, citrón džus, česnek, a ½ čajová lžička sůl.

Konečně, pomalu mrholení v a ledový voda a směs pro o 3 minut, až do vy dostat A velmi hladký a krémová vložit. Odejít a humus na jeden boční.

c) Zatímco a cizrna jsou vaření, vy umět připravit a jiný Prvky z a jídlo. Pro a tahini omáčka, dát Všechno ingredience a A štípnout z sůl v A malý miska. Směs studna a přidat A málo více voda -li potřeboval na dostat A konzistence mírně běžec než Miláček.

d) Další, směs spolu Všechno ingredience pro a citrón omáčka, a soubor stranou.

e) Konečně, OTEVŘENO nahoru a pitas, trhání a dva strany odděleně. Místo pod A horký brojler pro 2 minut, až do zlatý a zcela schnout. Dovolit na chladný dolů před lámání do lichého tvaru kousky.

f) Rozdělit a humus mezi čtyři individuální mělký bowls; ne úroveň to nebo lis to dolů, vy chtít a výška. Lžíce přes a teplý cizrna, následoval podle a tahini omáčka, a citrón omáčka, a A mrholení z olivový olej. Obloha s a petržel a A posypat z paprika a sloužit, doprovázený s a opečené pita kousky.

32.Skutečný hummus

SLOŽENÍ:
- 19 oz garbanzo fazole, polovina a kapalina Rezervováno
- 2 polévkové lžíce tahini
- 2 hřebíček česnek, rozdělený
- 4 polévkové lžíce zeleniny vývar
- 4 polévkové lžíce citrón džus
- 1 čajová lžička sůl
- Černá pepř na chuť

INSTRUKCE:
a) Začít podle sekání a česnek, pak kombajn to s a garbanzo fazole v A mixér a puls. Rezervovat 1 lžíce z garbanzo fazole pro obloha.
b) v a mixér, směs a Rezervováno kapalina, tahini citrón džus, a sůl. Směs a směs až do to je hladký a krémová.
c) Poloviční náplň A porce miska s a směs.
d) Sezóna s pepř a nalévat v a zeleniny vývar. Obloha s garbanzo fazole -li požadovaný.

33. Artyčokový hummus

SLOŽENÍ:
- 2 poháry Vařené garbanzo fazole
- 1 pohár Artyčok srdce
- 6 hřebíček česnek
- 2 Citrony
- ½ čajová lžička Paprika
- ½ čajová lžička Kmín
- ½ čajová lžička Košer sůl
- ½ čajová lžička Bílý pepř
- Panna olivový olej

INSTRUKCE:
a) Džus a citrony. Kombajn všechny přísady ale a olej v a miska z A jídlo procesor, otočit se na, a pomalu mrholení v olivový olej tak jako ingredience jsou bytost zpracováno na A krémová konzistence.

34. Celer s hummusem z bílých fazolí

SLOŽENÍ:

- ¼ liber Vypláchnuto vyčerpaný konzervy bílý ledviny; (cannellini) fazole
- 1 lžíce tahini; (sezam vložit)
- 2 lžičky Sekaný šalotka
- 2 lžičky Čerstvě vymačkaný citrón džus
- ¼ čajová lžička Česnek prášek
- 1 pomlčka Pepř
- 1 lžíce Jemně sekaný čerstvý kopr NEBO 1/2 lžička sušené kopr
- 2 média Celer žebra střih do deset 2\" kousky

INSTRUKCE:

a) Jednoduše Světlo Vaření v jídlo procesor, kombajn všechny přísady až na kopr a celer a proces až do směs se podobá A hladký vložit. Míchat v kopr. Šíření an rovnat se množství z fazole směs na každý kus z celer.

35.Exotický fazolový hummus

SLOŽENÍ:
- 2 poháry Vařené bílý fazole
- 1 lžíce tahini; (sezam máslo)
- 1 lžíce Sekaný česnek
- 3 polévkové lžíce Čerstvý citrón džus
- 2 polévkové lžíce Sekaný petržel
- 1 čajová lžička Sekaný máta; volitelný
- 1 čajová lžička Celý obilí hořčice
- ¼ čajová lžička Horký pepř sezam olej; nebo na chuť
- Sůl; na chuť
- Čerstvě namletý Černá pepř; na chuť

INSTRUKCE:

a) v A jídlo procesor nebo mixér přidat Všechno ingredience až na a sezam olej a sůl a pepř a proces až do hladký. Přidat a horký sezam olej a a sůl a pepř na chuť a kombajn s A pár z krátký praskne.

b) Tenký -li požadovaný s nějaký z a fazole vaření kapalina, voda nebo podmáslí.

c) Obchod pokrytý v lednička pro nahoru na 5 dní. Tento recept Makess o 2 poháry z humus.

36. Sváteční hummus

SLOŽENÍ:
- 2 média hřebíček z česnek; (nahoru na 3)
- 1 chomáč Čerstvý petržel
- 2 velké Jarní cibulky; střih do 1 palec kousky
- 2 plechovky (15-1/2 oz) kuřátko hrách; opláchnutý a vyčerpaný
- 6 polévkové lžíce Tahini
- 6 polévkové lžíce Čerstvý citrón džus
- 1 čajová lžička Sůl

INSTRUKCE:
a) Dát česnek, petržel, a jarní cibulky v A jídlo procesor, a sekat.
b) Přidat a kuřátko hrášek, tahini, citrón džus, a sůl, a pyré na A tlustý vložit.
c) Obchod v A těsný pokrytý úložný prostor kontejner a chladit.

37. Hummus se sušenými rajčaty a koriandrem

SLOŽENÍ:
- 2½ pohár Vařené cizrna (1 pohár sušené), vyčerpaný (rezervovat nějaký z a kapalina) -nebo-
- 1 Umět, (15 uncí) vyčerpaný (rezervovat nějaký z a kapalina)
- 3 velké Česnek hřebíček, jemně sekaný (nebo na chuť)
- ¼ pohár Citrón džus
- 3 polévkové lžíce Olivový olej -nebo-
- 2 polévkové lžíce Olivový olej -a-
- 1 lžíce Chilli ochucený olivový olej
- 3 polévkové lžíce Sezam tahini
- ¼ pohár Prostý nízkotučné nebo bez tuků jogurt (více -li potřeboval)
- ½ čajová lžička Kmín
- 3 Sušené na slunci rajčata v olej, sekaný zhruba (nahoru na 4)
- ¼ pohár Čerstvý koriandr, jemně sekaný
- Sůl
- 1 pomlčka Cayenne pepř, nebo na chuť (volitelný)
- Nějaký jemně sekaný čerstvý koriandr pro obloha

INSTRUKCE:
a) Kotleta a česnek v A jídlo procesor vybavené s a ocel čepel. Přidat a cizrna. Proces pro o A minuta, až do a cizrna jsou sekaný a moučný.
b) Přidat a citrón džus, olivový olej, tahini, polovina z a jogurt a A pomlčka z cayenne pepř. Proces až do hladký. Tenký ven tak jako požadovaný s a zbývající jogurt a nějaký další olivový olej. The směs by měl být hladký ale ne tekoucí. Li a směs zdá se také schnout, přidat A bit z a Rezervováno kapalina z a cizrna nebo A bit více olej.
c) Odstranit směs z a jídlo procesor a místo v miska. Míchat v a sekaný sušené na slunci rajčata a a jemně sekaný koriandr. Chuť a upravit koření. Obloha s a další sekaný koriandr.
d) Sloužit s drsný zelenina a/nebo pita chléb nakrájený do trojúhelníkový klíny.

38. Hummus s opečenými piniovými oříšky a petrželovým olejem

SLOŽENÍ:
- ¼ pohár Zabalené čerstvý plocholistý petržel snítky
- ; Plus 2 na 3 další snítky
- ¾ pohár Extra panenský olivový olej
- 3 polévkové lžíce Borovice ořechy
- 1 čajová lžička Kmín semena
- 2 plechovky Cizrna; (19 uncí)
- 4 Česnek hřebíček
- ⅔ pohár Dobře promíchané tahini*; (Střední Východní
- ; sezam vložit)
- ⅔ pohár Voda
- 5 polévkové lžíce Čerstvý citrón džus
- 1 čajová lžička Sůl
- Opečené pita bramborové hranolky

INSTRUKCE:

a) Předehřejte trouba na 350 stupně.

b) v A mixér nebo malý jídlo procesor pyré ¼ pohár petržel s ¼ pohár olej. Nalévat směs přes A pokuta síto soubor přes A miska, lisování tvrdý na pevné látky, a vyřadit pevné látky.

c) v A malý pečení pánev přípitek borovice ořechy a kmín semena, míchání občas, až do ořechy jsou zlatý, o 10 minut.

d) v A cedník opláchněte a vypustit cizrna a v A jídlo procesor pyré ½ pohár s česnek až do česnek je jemně mletý.

e) Přidat tahini, voda, citrón džus, sůl, zbývající cizrna, a zbývající ½ pohár olivový olej a pyré až do hladký. Recept smět být připravený nahoru na tento směřovat 3 dní vpřed.

f) Držet humus a petržel olej chlazené, krytý, a borovice ořechy a kmín semena v an vzduchotěsný kontejner na pokoj, místnost teplota. Přinést petržel olej na pokoj, místnost teplota před použitím.

g) Pás listy z další petržel snítky. Rozdělit humus mezi 2 mělký nádobí a hladký topy. Mrholení humus s petržel olej a posypat s petržel, borovice ořechy, a kmín semena.

h) Sloužit humus s pita toasty.

39. Hummus s dýní a granátovým jablkem

SLOŽENÍ:
- 1 pohár Vařené cizrna
- 1 pohár Dýně, vařené a kaše, nebo konzervy dýně
- 2 polévkové lžíce tahini, pův volal pro 1/3 pohár
- ¼ pohár Čerstvý petržel, mletý
- 3 hřebíček česnek, mletý
- 2 Granátová jablka

INSTRUKCE:
a) Pita chléb, rozdělit a zahřátý, nebo jiný sušenky, chléb, zelenina
b) Pyré a cizrna, dýně, tahini, petržel, a česnek až do hladký.
c) Převod na A porce talíř.
d) Chléb OTEVŘENO a granátová jablka a samostatný a semena z a vnitřní membrána. Posypat on semena přes a humus serv chlazené nebo na pokoj, místnost teplota s a pitas nebo jiný „namáčedla".

40.Hummus s rajčatovou chutí

SLOŽENÍ:
- 16 plechovky Cizrna
- 1 Citrón
- 1 Stroužek česnek
- ½ čajová lžička Tahini
- 2 polévkové lžíce Olivový olej
- ½ čajová lžička Sůl
- 1 Cibule
- 1 Rajče
- 1 pohár Hrubý sekaný petržel

INSTRUKCE:
a) Vypusťte a cizrna, rezervování ¼ pohár kapalina. Sevření a džus z a citrón.
b) Nasekat a česnek, pyré a cizrna a Rezervováno kapalina, citrón džus, česnek, tahini, olej a sůl v A jídlo procesor až do velmi hladký.
c) Kotleta a cibule a rajče a hození s a petržel. Dát a humus na A talíř a uspořádat a záliba další na to.
d) Mrholení a humus s další olivový olej.

41. Nízkotučný hummus dip

SLOŽENÍ:
- 1 umět (16 oz) garbanzo fazole; cizrna
- 1 čajová lžička Tahini
- 1 čajová lžička Extra panenský olivový olej
- 1 čajová lžička Sekaný česnek
- 1 lžíce Voda
- ¼ čajová lžička Pepř
- 2 lžičky Čerstvý citrón džus
- Cayenne pepř na chuť
- ½ čajová lžička Kmín
- ⅛ čajová lžička Sůl
- 2 Natvrdo vejce; žloutky odstraněno
- 2 polévkové lžíce Sekaný Černá olivy
- 1 Ratolest petržel

INSTRUKCE:

a) Vypusťte a opláchněte a garbanzo fazole. Snaž se na odstranit tak jako hodně z a volný vnější krytina z a fazole během a oplachování proces tak jako možný. Vyřadit tyto vnější krytiny. Proces všechny přísady až na a vejce, olivy, a petržel v A mixér nebo jídlo procesor až do hladký. Místo v A porce jídlo.

b) Odstranit a vejce žloutky a Uložit pro další recept nebo vyřadit. Kotleta a vejce bílé do malý kousky, směs s a olivy, a posypat přes a dip.

c) Obloha s petržel na sloužit.

42. Saskatchewanský hummus

SLOŽENÍ:

- ¼ pohár Arašíd máslo
- ½ čajová lžička Kmín
- ½ čajová lžička Sůl
- 2 hřebíček Česnek
- 2 polévkové lžíce Citrón džus
- 3 polévkové lžíce ;horký voda
- 1 čajová lžička Sezam olej
- 2½ pohár Žlutá rozdělit hrách; vařené
- Čerstvý petržel
- Arašídy; volitelný
- Černá olivy; volitelný

Většina Humus recepty Start s Garbanzo fazole; tento variace používá žlutá rozdělit hrášek a A málo arašíd máslo.

INSTRUKCE:

a) Kombajn arašíd máslo, kmín, sůl a česnek. Přidat citrón džus, horký voda a sezam olej; směs důkladně. Pyré a rozdělit hrách; přidat arašíd máslo a směs. Obloha s petržel a volitelně sekaný arašídy nebo nakrájený Černá olivy. Sloužit s Pita chléb a čerstvý zelenina pro namáčení.

43. Pesto hummus

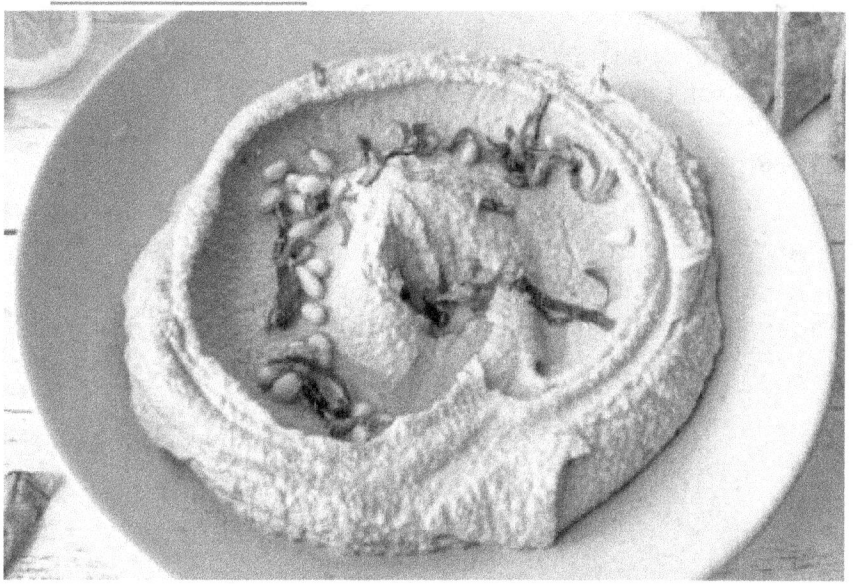

SLOŽENÍ:
- 1 umět Cizrna (garbanzo fazole), Téměř vyčerpaný (držet džus)
- 2 trsy Bazalka (nebo tak), sekaný.
- ½ Citrón odšťavněný

INSTRUKCE:

a) Dát cizrna, bazalka, a nějaký z a citrón do miska. Pyré použitím mixér. Přidat citrón džus až do konzistence a chuť jsou příjemný. Li ještě pořád také tlustý, vy umět přidat nějaký z a zbytek džus z a cizrna umět. Sloužit tak jako A dip nebo použití tak jako A šíření na čerstvý chléb.

44. Krémový květákový hummus

SLOŽENÍ:
- 1 květák hlava, střih do kvítky
- 2 polévková lžíce čerstvý Limetka džus
- 1 lžička česnek, sekaný
- 1/3 pohár tahini
- 3 polévková lžíce olivový olej
- Pepř
- Sůl

INSTRUKCE:
a) Šíření květák na a prostěradlo pánev.
b) Vybrat upéct režimu pak soubor a teplota na 400 °F a čas pro 35 minut. lis Start.
c) Jednou a Vzduch Fritéza Trouba je předehřátý pak místo a prostěradlo pánev do a trouba.
d) Převod květák do a jídlo procesor. Přidat zbývající přísady a proces až do hladký.
e) Sloužit a užívat si.

45. Hummus z pečené mrkve

SLOŽENÍ:
- 1 umět z cizrna, opláchnutý a vyčerpaný.
- 3 mrkve.
- 1 stroužek česnek.
- 1 čajová lžička z paprika.
- 1 nabito lžíce z tahini.
- The džus z 1 citrón
- 2 polévkové lžíce z další panna olivový olej.
- 6 polévkové lžíce z voda.
- ½ lžičky kmín prášek.
- Sůl na chuť.

INSTRUKCE:

a) Předehřejte a trouba na 400° F. Umýt a kůra a mrkve a střih jim do málo kousky, dát jim na A pečení zásobník s A mrholení z olivový olej, A štípnout z sůl a polovina A čajová lžička z paprika. Upéct pro o 35 minut nahoru až do a mrkev je měkký.

b) Vzít jim ven z a trouba a nechat chladný.

Zatímco ony chladný, připravit a humus: umýt a vypustit studna a cizrna a dát jim v A jídlo mlýn s a odpočinek z a aktivní přísad a postup až do vy vidět A dobře nakombinované směs. Pak přidat a mrkve a a česnek a postup znovu!

BABA GANOUSH

46. Baba Ganoush

SLOŽENÍ:
- 1 Velký lilek
- Hrst petrželky
- 1-2 stroužky česneku
- Šťáva ze 2 citronů
- 2 polévkové lžíce tahini
- Sůl a černý pepř dle chuti

INSTRUKCE:
a) Předehřejte gril na středně vysokou teplotu a lilek pečte v celku asi půl hodiny.
b) Nakrájejte do ní a vnitřky vyškrábněte lžící, dužinu pak dejte do cedníku.
c) Rozmixujte do hladka.

47. Dip z pečeného lilku s kouřovou pálenkou

SLOŽENÍ:
- 3 kulaté lilky (asi 3 libry nebo 1,35 kg, celkem)
- 1 červená cibule, neloupaná
- 2 stroužky česneku, nakrájené
- ¼ šálku (60 ml) olivového oleje a další na pokapání
- ¾ čajové lžičky košer soli a další na dochucení
- ¼ šálku (60 g) tahini
- 2 polévkové lžíce (30 ml) čerstvé citronové šťávy
- ¼ lžičky mletého kmínu
- Hrst nasekané čerstvé petrželky a další na ozdobu
- Škumpa, na ozdobu

INSTRUKCE:
a) Připravte žhavý jednoúrovňový oheň v ohništi a rozložte uhlíky do plochého, jednotného lože alespoň 5 cm hlubokého.
b) Lilek na několika místech propíchejte vidličkou.
c) Umístěte lilky a červenou cibuli přímo na uhlíky. Grilujte za občasného obracení, dokud se lilky nesrazí, jejich dužina je velmi měkká a slupky po celém povrchu spálené, asi 20 minut u lilku a 30 minut u cibule.
d) Zeleninu přendejte na prkénko a nechte vychladnout.
e) Lilky podélně rozpůlíme. Vydlabejte dužinu a vložte ji do síta. (Je dobré nechat část připálených kousků, protože dodávají chuť.) Nechte alespoň 15 minut okapat a dužinu podle potřeby rozmačkejte zadní částí lžíce, aby se uvolnila přebytečná tekutina.
f) Mezitím nakrájejte a oloupejte cibuli. Hrubě ji nasekejte a přendejte do kuchyňského robotu. Přidejte česnek, olivový olej a sůl. Rozmixujte na objemné pyré. Přidejte lilek, tahini, citronovou šťávu a kmín. Pulzujte, dokud se ingredience nespojí, ale stále budou mít nějakou texturu. Ochutnejte a podle chuti dosolte.
g) Přendejte baba ghanoush do střední misky a vmíchejte petrželku.
h) Pokapeme trochou olivového oleje, posypeme špetkou škumpy a před podáváním ozdobíme petrželkou.

48.Italská Baba Ghanoush

SLOŽENÍ:
- 4 velké italské lilky
- 2 stroužky utřeného česneku
- 2 lžičky košer soli nebo podle chuti
- 1 citron, šťáva nebo více podle chuti
- 3 lžíce tahini nebo více podle chuti
- 3 lžíce extra panenského olivového oleje
- 2 lžíce obyčejného řeckého jogurtu
- 1 špetka kajenského pepře nebo podle chuti
- 1 list čerstvé máty, mletý (volitelně)
- 2 lžíce nasekané čerstvé italské petrželky

INSTRUKCE:
a) Předehřejte venkovní gril na středně vysokou teplotu a lehce rošt naolejujte.
b) Špičkou nože několikrát propíchněte povrch slupky lilku.
c) Umístěte lilek přímo na gril. Během hoření kůže často otáčejte kleštěmi.
d) Vařte, dokud lilky nespadnou a nejsou velmi měkké, asi 25 až 30 minut.
e) Přendejte do misky, pevně zakryjte hliníkovou fólií a nechte asi 15 minut vychladnout.
f) Když lilky dostatečně vychladnou, rozdělte je napůl a dužinu vyškrábejte do cedníku umístěného nad miskou.
g) Nechte 5 nebo 10 minut odkapat.
h) Lilek přendejte do mixovací nádoby a přidejte prolisovaný česnek a sůl.
i) Rozmačkejte, dokud nebude krémová, ale s malou texturou, asi 5 minut.
j) Přišlehejte citronovou šťávu, tahini, olivový olej a kajenský pepř.
k) Vmícháme jogurt.
l) Zakryjte misku plastovou fólií a chlaďte, dokud úplně nevychladne, asi 3 nebo 4 hodiny.
m) Ochutnejte pro úpravu koření.
n) Před podáváním vmícháme mletou mátu a nasekanou petrželku.

49.Řepa Baba Ganoush

SLOŽENÍ:
- 2 střední řepy, pečené a oloupané
- 2 střední lilky, opečené a oloupané
- 2 stroužky česneku, mleté
- 2 lžíce tahini
- Šťáva z 1 citronu
- 2 lžíce olivového oleje
- Sůl a pepř na dochucení
- Čerstvá petrželka, nasekaná (na ozdobu)

INSTRUKCE:
a) Předehřejte troubu na 400 °F (200 °C). Řepu jednotlivě zabalte do hliníkové fólie a pečte asi 45–60 minut, nebo dokud nezměkne. Nechte je vychladnout, poté je oloupejte a nakrájejte na kostičky.
b) Lilky pečte spolu s řepou asi 30–40 minut, nebo dokud slupka nezuhelnatí a dužina nezměkne. Nechte je vychladnout, poté je oloupejte a nakrájejte na kostičky.
c) V kuchyňském robotu smíchejte pečenou řepu, pečený lilek, mletý česnek, tahini, citronovou šťávu a olivový olej. Rozmixujte do hladka.
d) Dochuťte solí a pepřem podle chuti. Podle potřeby upravte konzistenci přidáním olivového oleje nebo tahini.
e) Přendejte řepný baba ganoush do servírovací mísy a před podáváním ozdobte nasekanou čerstvou petrželkou.
f) Vychutnejte si s pita chlebem, krekry nebo nakrájenou zeleninou.

50.Avokádo Baba Ganoush

SLOŽENÍ:
- 2 zralá avokáda
- 2 střední lilky, opečené a oloupané
- 2 stroužky česneku, mleté
- 2 lžíce tahini
- Šťáva z 1 limetky
- 2 lžíce olivového oleje
- Sůl a pepř na dochucení
- Koriandr, nasekaný (na ozdobu)

INSTRUKCE:
a) V kuchyňském robotu smíchejte dužinu zralého avokáda, pečené a oloupané lilky, mletý česnek, tahini, limetkovou šťávu a olivový olej. Rozmixujte do hladka.
b) Dochuťte solí a pepřem podle chuti. V případě potřeby upravte konzistenci přidáním olivového oleje nebo tahini.
c) Přeneste avokádový baba ganoush do servírovací misky a před podáváním ozdobte nasekaným koriandrem.
d) Podávejte s tortilla chipsy, opečeným pita chlebem nebo zeleninovými tyčinkami na namáčení.

51.Kari Baba Ganoush

SLOŽENÍ:
- 2 střední lilky, opečené a oloupané
- 2 stroužky česneku, mleté
- 2 lžíce tahini
- Šťáva z 1 citronu
- 2 lžíce olivového oleje
- 1 lžička kari
- 1/2 lžičky mletého kmínu
- 1/4 lžičky mletého koriandru
- Sůl a pepř na dochucení
- Čerstvý koriandr, nasekaný (na ozdobu)

INSTRUKCE:
a) V kuchyňském robotu smíchejte opečené a oloupané lilky, nasekaný česnek, tahini, citronovou šťávu, olivový olej, kari, mletý kmín a mletý koriandr. Rozmixujte do hladka.
b) Dochuťte solí a pepřem podle chuti. Podle potřeby upravte koření nebo konzistenci dalším kořením, citronovou šťávou nebo olivovým olejem.
c) Přeneste kari baba ganoush do servírovací mísy a před podáváním ozdobte nasekaným čerstvým koriandrem.
d) Podávejte s chlebem naan, pita chipsy nebo zeleninovými crudités na namáčení.

52.Ořech Baba Ganoush

SLOŽENÍ:
- 2 střední lilky, opečené a oloupané
- 1/2 šálku vlašských ořechů, opražených
- 2 stroužky česneku, mleté
- 2 lžíce tahini
- Šťáva z 1 citronu
- 2 lžíce olivového oleje
- 1/4 lžičky mletého kmínu
- Sůl a pepř na dochucení
- Čerstvá petrželka, nasekaná (na ozdobu)

INSTRUKCE:
a) V kuchyňském robotu smíchejte opečené a oloupané lilky, opražené vlašské ořechy, mletý česnek, tahini, citronovou šťávu, olivový olej a mletý kmín. Rozmixujte do hladka.

b) Dochuťte solí a pepřem podle chuti. V případě potřeby upravte koření nebo konzistenci přidáním citronové šťávy nebo olivového oleje.

c) Přendejte ořechový baba ganoush do servírovací mísy a před podáváním ozdobte nasekanou čerstvou petrželkou.

d) Podávejte s krekry, tyčinkami nebo zeleninovými crudité na namáčení.

53. Baba Ganoush pečená červená paprika

SLOŽENÍ:

- 2 střední lilky, opečené a oloupané
- 2 pečené červené papriky, oloupané a zbavené semínek
- 2 stroužky česneku, mleté
- 2 lžíce tahini
- Šťáva z 1 citronu
- 2 lžíce olivového oleje
- Špetka uzené papriky
- Sůl a pepř na dochucení
- Listy čerstvé bazalky, nasekané (na ozdobu)

INSTRUKCE:

a) V kuchyňském robotu smíchejte opečené a oloupané lilky, pečenou červenou papriku, mletý česnek, tahini, citronovou šťávu, olivový olej a uzenou papriku. Rozmixujte do hladka.

b) Dochuťte solí a pepřem podle chuti. Pokud chcete, upravte koření nebo konzistenci přidáním citronové šťávy nebo olivového oleje.

c) Opečenou červenou papriku baba ganoush přendejte do servírovací mísy a před podáváním ozdobte nasekanými lístky čerstvé bazalky.

d) Podávejte s pita chipsy, chlebem nebo zeleninovými tyčinkami na namáčení.

54.Granátové jablko Baba Ganoush

SLOŽENÍ:
- 2 střední lilky, opečené a oloupané
- Semínka z 1 granátového jablka
- 2 stroužky česneku, mleté
- 2 lžíce tahini
- Šťáva z 1 citronu
- 2 lžíce olivového oleje
- Špetka mleté skořice
- Sůl a pepř na dochucení
- Čerstvé lístky máty, nasekané (na ozdobu)

INSTRUKCE:
a) V kuchyňském robotu smíchejte opečené a oloupané lilky, semínka z jednoho granátového jablka, mletý česnek, tahini, citronovou šťávu, olivový olej a mletou skořici. Rozmixujte do hladka.
b) Dochuťte solí a pepřem podle chuti. V případě potřeby upravte koření nebo konzistenci přidáním citronové šťávy nebo olivového oleje.
c) Granátové jablko baba ganoush přendejte do servírovací misky a před podáváním ozdobte nasekanými lístky čerstvé máty.
d) Podávejte s opečeným pita chlebem, lavash crackery nebo zeleninovými crudités na namáčení.

55. Lilek ořechová pomazánka

SLOŽENÍ:
- 2 polévkové lžíce olivový olej
- 1 malý cibule, sekaný
- 1 malý lilek, oloupané a střih do -palec kostky
- 2 česnek hřebíček, sekaný
- čajová lžička sůl
- 1/8 čajová lžička přízemní cayenne
- pohár sekaný vlašské ořechy
- 1 lžíce čerstvý mletý bazalka
- 2 polévkové lžíce veganské majonéza
- 2 polévkové lžíce sekaný čerstvý petržel, pro obloha

INSTRUKCE:
a) v A velký pánev, teplo a olej přes střední teplo. Přidat a cibule, lilek, česnek, sůl, a cayenne. Pokrýt a kuchař až do měkký, o 15 minut. Míchat v a vlašské ořechy a bazalka a soubor stranou na chladný.
b) Převod a ochlazené lilek směs na A jídlo procesor. Přidat a majonéza a proces až do hladký. Chuť, upravování koření -li nutné, a pak převod na A střední miska a obloha s a petržel.
c) Li ne použitím že jo pryč, Pokrýt a chladit až do potřeboval.
d) Správně uložené, to vůle držet pro nahoru na 3 dní.

GUACAMOLE

56. Garlicky Guacamole

SLOŽENÍ:
- 2 avokáda, vypeckovaná
- 1 rajče, zbavené semínek a nakrájené nadrobno
- ½ lžíce čerstvé limetkové šťávy
- ½ malé žluté cibule, nakrájené nadrobno
- 2 stroužky česneku, prolisované
- ¼ lžičky mořské soli
- Špetka pepře
- Mletý čerstvý list koriandru

INSTRUKCE:
a) Pomocí mačkače na brambory rozmačkejte avokáda v malé misce.
b) Podáváme ihned po vmíchání dalších ingrediencí do rozmačkaného avokáda.

57. Kozí sýr Guacamole

SLOŽENÍ:
- 2 avokáda
- 3 unce koza sýr
- říz z 2 limetky
- citrón džus z 2 limetky
- ¾ čajová lžička česnek prášek
- ¾ čajová lžička cibule prášek
- ½ čajová lžička sůl
- ¼ čajová lžička Červené pepř vločky (volitelný)
- ¼ čajová lžička pepř

INSTRUKCE:
a) Přidat avokáda na A jídlo procesor a směs až do hladký.
b) Přidat zbytek z ingredience a směs až do začleněno.
c) Sloužit s bramborové hranolky.

58. Hummus guacamole

SLOŽENÍ:
- 1 každý Zralý avokádo, oloupané
- 2 poháry Humus bi tahini
- 1 každý Jarní cibulka, sekaný
- 1 malý Rajče, sekaný
- 1 lžíce Zelená chilli, sekaný
- Olivový olej
- koriandr, sekaný
- Pita

INSTRUKCE:
a) Lopatka avokádo do A střední miska. Kaše & přidat humus, směs důkladně. Jemně míchat v a jarní cibulka, rajče & chilli.
b) Šek koření. Pokrýt & chladit.
c) Před porce, mrholení s olivový olej & obloha s koriandr.
d) Sloužit s pita klíny.

59. Kimchi Guacamole

SLOŽENÍ:
- 3 zralá avokáda, rozmačkaná
- 1 šálek kimchi, nakrájené
- ¼ šálku červené cibule, jemně nakrájené
- 1 limetka, odšťavněná
- Sůl a pepř na dochucení
- Tortilla chipsy na servírování

INSTRUKCE:
a) V misce rozmačkejte avokádo.
b) Přidejte nakrájené kimchi, červenou cibuli, limetkovou šťávu, sůl a pepř. Dobře promíchejte.
c) Kimchi guacamole podávejte s tortilla chipsy.

60. Spirulina Guacamole Dip

SLOŽENÍ:
- 2 avokáda, vypeckovaná
- Šťáva z 1 citronu
- Šťáva z 1 limetky
- 1 stroužek česneku, nasekaný nahrubo
- 1 středně žlutá cibule, nakrájená nahrubo
- 1 jalapeno, nakrájené na plátky
- 1 šálek listů koriandru
- 3 lžíce spiruliny
- 1 semena a nakrájené rajče nebo ½ šálku hroznových rajčat, rozpůlené
- Sůl a pepř na dochucení

INSTRUKCE:
a) Všechny ingredience kromě rajčat dejte do mixéru a mixujte, dokud se nespojí.
b) Vmícháme rajčata a dochutíme.

61.Limetkový kokosový guacamole

SLOŽENÍ:
- 2 zralá avokáda
- Šťáva z 1 limetky
- Kůra z 1 limetky
- 2 lžíce nasekaného čerstvého koriandru
- 2 lžíce nakrájené červené cibule
- 2 lžíce strouhaného kokosu
- Sůl a pepř na dochucení

INSTRUKCE:
a) V misce rozmačkejte zralé avokádo vidličkou do krémova.
b) Přidejte limetkovou šťávu, limetkovou kůru, nasekaný koriandr, nakrájenou červenou cibuli, strouhaný kokos, sůl a pepř.
c) Dobře promíchejte, aby se všechny ingredience spojily.
d) Ochutnejte a podle potřeby upravte koření.
e) Podávejte kokosové limetkové guacamole s tortilla chipsy nebo je použijte jako lahodnou polevu na tacos, sendviče nebo saláty.
f) Užijte si krémové a pikantní chutě tohoto tropického twistu na guacamole!

62. Nori Guacamole

SLOŽENÍ:
- 1 avokádo, oloupané, vypeckované a rozmačkané
- 1 jarní cibulka, nakrájená na tenké plátky
- 1 lžíce čerstvé limetkové šťávy
- 1 lžíce nasekaného koriandru
- Kosher sůl a čerstvě mletý pepř
- 2 polévkové lžíce rozdrobených přesnídávek z pražených mořských řas
- Hnědé rýžové koláčky nebo krekry k podávání

INSTRUKCE:
a) V misce smíchejte avokádo, jarní cibulku, limetkovou šťávu a koriandr.
b) Dochuťte solí a pepřem. Posypeme opečenou mořskou řasou a podáváme s rýžovými placičkami.

63. Mučenka Guacamole

SLOŽENÍ:
- 2 zralá avokáda, oloupaná a rozmačkaná
- ¼ šálku nakrájené červené cibule
- ¼ šálku nasekaného čerstvého koriandru
- 1 paprička jalapeño, zbavená semínek a nakrájená na kostičky
- 2 lžíce limetkové šťávy
- ¼ šálku dužiny z mučenky
- Sůl a pepř na dochucení

INSTRUKCE:
a) V misce smíchejte rozmačkané avokádo, červenou cibuli, koriandr, papričku jalapeño, limetkovou šťávu a dužinu z marakuji.
b) Dochuťte solí a pepřem.
c) Před podáváním nechte vychladit v lednici alespoň 30 minut.
d) Podáváme s tortilla chipsy nebo jako zálivku na tacos.

64. Moringa guacamole

SLOŽENÍ:

- 2-4 lžičky prášku Moringa
- 3 zralá avokáda
- 1 Malá červená cibule, nakrájená nadrobno
- Hrst cherry rajčat, omytých a nakrájených nadrobno
- 3 Listové větvičky koriandru, umyté a nakrájené najemno
- Extra panenský olivový olej, na pokapání
- Šťáva z 1 limetky
- Koření: sůl, pepř, sušené oregano, paprika a drcená semínka koriandru

INSTRUKCE:

a) Avokádo rozpulte, vypeckujte a nahrubo nasekejte. Hrst nahrubo nakrájených avokád si necháme stranou.
b) Zbytek ingrediencí nalijte do velké mísy a vidličkou rozmačkejte guacamole a dobře promíchejte.
c) Přidejte zbytek avokáda a navrch posypte lístky koriandru.

65. Mojito Guacamole

SLOŽENÍ:
- 3 zralá avokáda, rozmačkaná
- ¼ šálku červené cibule, jemně nakrájené
- ¼ šálku čerstvého koriandru, nasekaného
- 1 jalapeño, zbavená semínek a nakrájená najemno
- 2 lžíce čerstvé limetkové šťávy
- 1 lžička cukru
- Sůl a pepř na dochucení
- Tortilla chipsy na servírování

INSTRUKCE:
a) V misce smíchejte rozmačkané avokádo, červenou cibuli, koriandr, jalapeño a limetkovou šťávu.
b) Vmíchejte cukr, sůl a pepř podle chuti.
c) Podávejte s tortilla chipsy a vychutnejte si své Mojito Guacamole!

66.Mimosa Guacamole

SLOŽENÍ:
- 2 zralá avokáda, rozmačkaná
- ¼ šálku nakrájené červené cibule
- ¼ šálku nakrájených rajčat
- ¼ šálku nasekaného koriandru
- 1 jalapeno, zbavené semínek a nakrájené nadrobno
- 2 lžíce čerstvé limetkové šťávy
- 2 lžíce šampaňského
- Sůl a pepř na dochucení

INSTRUKCE:
a) Ve střední misce smíchejte rozmačkané avokádo, červenou cibuli, rajčata, koriandr a jalapeno.
b) Vmíchejte čerstvou limetkovou šťávu a šampaňské.
c) Dochuťte solí a pepřem podle chuti.
d) Podávejte s tortilla chipsy nebo zeleninovými tyčinkami na namáčení.

67. Slunečnicové guacamole

SLOŽENÍ:
- 2 avokáda
- Šťáva z ½ limetky
- ¼ lžičky soli
- ⅔ šálku nasekaných slunečnicových výhonků
- ¼ šálku jemně nakrájené červené cibule
- ½ jalapeno, jemně nasekané

INSTRUKCE:

a) Všechny ingredience smícháme v míse a rozmačkáme na hrubou směs.

68.Dračí ovoce Guacamole

SLOŽENÍ:
- 1 dračí ovoce
- 2 zralá avokáda
- ¼ šálku nakrájené červené cibule
- ¼ šálku nasekaného koriandru
- 1 paprička jalapeno, zbavená semínek a nasekaná
- 2 lžíce limetkové šťávy
- Sůl a pepř na dochucení
- Tortilla chipsy, k podávání

INSTRUKCE:
a) Dračí ovoce rozpůlíme a vydlabeme dužinu.
b) Ve střední misce rozmačkejte avokáda vidličkou nebo šťouchadlem na brambory.
c) Vmíchejte dračí ovoce, červenou cibuli, koriandr, papričku jalapeňo, limetkovou šťávu, sůl a pepř.
d) Dobře promíchejte a nechte guacamole uležet alespoň 10 minut, aby se chutě propojily.
e) Podávejte vychlazené s tortilla chipsy.

DIPS NA BÁZI TAHINI

69.Smetanový špenát-tahini dip

SLOŽENÍ:
- 1 (10 uncí) balík z čerstvý dítě špenát
- 1 na 2 česnek hřebíček
- **1** lžička sůl
- ⅓ pohár tahini (sezam vložit)
- Džus z 1 citrón
- Přízemní cayenne
- 2 lžičky opečené sezam semena, pro obloha

INSTRUKCE:
a) Lehce parní a špenát až do zvadlý, o 3 minut. Sevření schnout a soubor stranou.
b) v A jídlo procesor, proces a česnek a sůl až do jemně sekaný. Přidat a dušená špenát, tahini, citrón džus, a cayenne na chuť.
c) Proces až do studna smíšené a chuť, upravování koření -li nutné.
d) Převod a dip na A střední miska a posypat s a sezam semena. Li ne použitím že jo pryč, Pokrýt a chladit až do potřeboval.
e) Správně uložené, to vůle držet pro nahoru na 3 dní.

70.Pikantní Tahini dip z pečené červené papriky

SLOŽENÍ:
- 2 velké červené papriky, opečené, oloupané a zbavené semínek
- 1/3 šálku tahini
- 2 stroužky česneku, mleté
- Šťáva z 1 citronu
- 1 lžíce olivového oleje
- 1/2 lžičky kmínu
- 1/4 lžičky uzené papriky
- Sůl a pepř na dochucení
- Nakrájená čerstvá petrželka na ozdobu

INSTRUKCE:
a) V kuchyňském robotu smíchejte pečenou červenou papriku, tahini, mletý česnek, citronovou šťávu, olivový olej, kmín a uzenou papriku. Rozmixujte do hladka.
b) Dochuťte solí a pepřem podle chuti. V případě potřeby upravte koření nebo konzistenci přidáním citronové šťávy nebo tahini.
c) Dip přendejte do servírovací mísy a před podáváním ozdobte nasekanou čerstvou petrželkou.
d) Podávejte s pita chlebem, krekry nebo zeleninovými tyčinkami na namáčení.

71. Tahini dip s citronovou bylinkou

SLOŽENÍ:
- 1/2 šálku tahini
- Šťáva z 1 citronu
- Kůra z 1 citronu
- 2 stroužky česneku, mleté
- 2 lžíce nasekané čerstvé petrželky
- 1 lžíce nasekaného čerstvého kopru
- 1 lžíce nasekané čerstvé máty
- 2 lžíce olivového oleje
- Sůl a pepř na dochucení
- Na ozdobu nakrájená kolečka citronu

INSTRUKCE:
a) V míse prošlehejte tahini, citronovou šťávu, citronovou kůru, mletý česnek, nasekanou petržel, kopr, mátu a olivový olej, dokud se dobře nespojí.
b) Dochuťte solí a pepřem podle chuti. Pokud chcete, upravte koření nebo konzistenci přidáním citronové šťávy nebo tahini.
c) Dip přendejte do servírovací mísy a před podáváním ozdobte kolečky citronu nakrájenými na tenké plátky.
d) Podáváme s opečeným pita chlebem, plátky okurky nebo jako pomazánku na sendviče.

72. Krémový řepný tahini dip

SLOŽENÍ:
- 1 střední řepa, opečená, oloupaná a nakrájená na kostičky
- 1/3 šálku tahini
- 2 stroužky česneku, mleté
- Šťáva z 1 citronu
- 1 lžíce olivového oleje
- 1/2 lžičky mletého kmínu
- Sůl a pepř na dochucení
- Opražená sezamová semínka na ozdobu

INSTRUKCE:
a) V kuchyňském robotu smíchejte pečenou a na kostičky nakrájenou řepu, tahini, mletý česnek, citronovou šťávu, olivový olej a mletý kmín. Rozmixujte do hladka.
b) Dochuťte solí a pepřem podle chuti. V případě potřeby upravte koření nebo konzistenci přidáním citronové šťávy nebo tahini.
c) Dip přendejte do servírovací mísy a před podáváním ozdobte opečenými sezamovými semínky.
d) Podávejte se zeleninou crudité, tyčinkami nebo jako barevný doplněk k mezze talíři.

73. Tahini Dip ze sušených rajčat a bazalky

SLOŽENÍ:
- 1/2 šálku tahini
- 1/4 šálku sušených rajčat (balených v oleji), okapaných a nakrájených
- 2 lžíce nasekaných lístků čerstvé bazalky
- 2 stroužky česneku, mleté
- Šťáva z 1 citronu
- 2 lžíce olivového oleje
- Sůl a pepř na dochucení
- Piniové oříšky na ozdobu (volitelné)

INSTRUKCE:
a) V kuchyňském robotu smíchejte tahini, sušená rajčata, nasekanou bazalku, mletý česnek, citronovou šťávu a olivový olej. Rozmixujte do hladka.
b) Dochuťte solí a pepřem podle chuti. V případě potřeby upravte koření nebo konzistenci přidáním citronové šťávy nebo tahini.
c) Dip přendejte do servírovací mísy a před podáváním ozdobte podle potřeby piniovými oříšky.
d) Podávejte s tyčinkami, krekry nebo zeleninovými crudité na namáčení.

74. Tahini dip z kurkumy a zázvoru

SLOŽENÍ:
- 1/2 šálku tahini
- 1 lžička mleté kurkumy
- 1 lžička strouhaného čerstvého zázvoru
- 2 stroužky česneku, mleté
- Šťáva z 1 citronu
- 2 lžíce olivového oleje
- Špetka kajenského pepře
- Sůl a pepř na dochucení
- Nakrájený čerstvý koriandr na ozdobu

INSTRUKCE:
a) V míse smíchejte tahini, mletou kurkumu, nastrouhaný zázvor, mletý česnek, citronovou šťávu, olivový olej a špetku kajenského pepře. Míchejte, dokud se dobře nespojí.
b) Dochuťte solí a pepřem podle chuti. Pokud chcete, upravte koření nebo konzistenci přidáním citronové šťávy nebo tahini.
c) Dip přendejte do servírovací mísy a před podáváním ozdobte nasekaným čerstvým koriandrem.
d) Podávejte s chlebem naan, pita chipsy nebo jako dip k restované zelenině.

75. Tahini Dip s javorem a skořicí

SLOŽENÍ:

- 1/2 šálku tahini
- 2 lžíce javorového sirupu
- 1/2 lžičky mleté skořice
- 1/4 lžičky vanilkového extraktu
- Špetka mořské soli
- Šťáva z 1/2 citronu
- 2-3 lžíce vody (volitelně, na zředění)
- Nakrájená jablka, hrušky nebo preclíky na namáčení

INSTRUKCE:

a) V míse vyšlehejte tahini, javorový sirup, mletou skořici, vanilkový extrakt, špetku mořské soli a citronovou šťávu do hladka.
b) Pokud je dip příliš hustý, přidávejte vodu po jedné polévkové lžíci, dokud nedosáhnete požadované konzistence.
c) Dip přendejte do servírovací mísy a podávejte s nakrájenými jablky, hruškami nebo preclíky na namáčení.
d) Vychutnejte si jako sladkou a krémovou svačinku nebo dezertní dip.

SÝROVÉ DIPY

76.Cihlový sýrový dip

SLOŽENÍ:
- 3 oz ricotta sýr
- 3 oz čerstvě strouhaný cihlový sýr
- 3 polévkové lžíce čerstvý tymián listy
- 6 oz koza sýr
- 1 oz parmazán tvrdý sýr, čerstvě strouhaný
- 4 proužky tlustořez slanina, vařené a rozpadl se
- Sůl a pepř, na chuť

INSTRUKCE:
a) Připravit a trouba pro grilování.
b) Kombajn Všechno z ingredience v A pečení jídlo.
c) Posypat a parmazán sýr přes a jídlo.
d) Upéct v A předehřátý trouba pro 5 minut, nebo až do a sýr začíná na hnědý a bublina.
e) Odstranit z a trouba a sloužit ihned.

77.Dip s modrým sýrem a goudou

SLOŽENÍ:

- 2 polévkové lžíce nesolené máslo
- 1 pohár bonbón cibule, na kostičky
- 2 poháry krém sýr, na pokoj, místnost teplota
- ⅛ čajová lžička sůl
- ⅛ čajová lžička bílý pepř
- ⅓ pohár Montucky Studený Občerstvení
- 1 ½ poháry sekaný falešný kuře
- ½ pohár Miláček hořčice, Plus více pro mrholení
- 2 polévkové lžíce ranč obvaz
- 1 pohár skartované čedar sýr
- 2 poháry Gouda sýr, skartované
- 2 polévkové lžíce modrý sýr obvaz
- ⅓ pohár rozpadl se modrý sýr, Plus více pro poleva
- ¾ pohár Miláček BBQ omáčka, Plus více pro mrholení

INSTRUKCE:

a) v A velký pánev, tát a máslo přes nízký teplo.
b) Míchat v a na kostičky cibule a sezóna s sůl a pepř.
c) kuchař pro 5 minut, nebo až do mírně změkčil.
d) Kuchař, míchání často, až do a cibule karamelizovat, o 25 na 30 minut.
e) Předehřejte a trouba na 375° F.
f) Kabát A 9 palců pečení jídlo s nepřilnavý vaření sprej.
g) Kombajn a krém sýr, Všechno z a sýr, BBQ omáčka, Miláček hořčice, ranč obvaz, a modrý sýr v A velký míchání miska.
h) Přidat a karamelizované cibule a falešný kuře.
i) Místo a těsto v A pečení jídlo.
j) Obloha s a zbývající sýr.
k) Upéct a dip pro 20–25 minut, nebo až do zlatý.
l) Sloužit ihned.

78. Dip se smetanovým sýrem a medem

SLOŽENÍ:
- 2 unce smetanového sýra
- 2 lžíce medu
- ¼ šálku vymačkané pomerančové šťávy
- ½ lžičky mleté skořice

INSTRUKCE:
a) Vše rozmixujte do hladka.

79. Buvolí kuřecí dip

SLOŽENÍ:
- 2 šálky nakrájeného vařeného kuřete
- 8 uncí smetanového sýra, změkčeného
- ½ šálku horké omáčky
- ½ šálku rančového dresinku
- 1 šálek strouhaného sýra čedar
- ¼ šálku drobky z modrého sýra (volitelně)
- Tortilla chipsy nebo celerové tyčinky k podávání

INSTRUKCE:
a) Předehřejte troubu na 350 °F.
b) Ve velké míse smíchejte nakrájené kuře, smetanový sýr, horkou omáčku a ranč dresink. Míchejte, dokud se dobře nespojí.
c) Směs rozprostřete do 9palcové zapékací misky a posypte strouhaným sýrem čedar a drobenkou z modrého sýra (pokud používáte).
d) Pečte 20–25 minut, nebo dokud nejsou horké a bublinkové.
e) Podávejte horké s tortilla chipsy nebo celerovými tyčinkami.

80.Pikantní dip z dýně a smetanového sýra

SLOŽENÍ:
- 8 uncí smetanového sýra
- 15 uncí neslazené konzervované dýně
- 1 lžička skořice
- ¼ lžičky nového koření
- ¼ lžičky muškátového oříšku
- 10 pekanových ořechů, rozdrcených

INSTRUKCE:
a) Smetanový sýr a konzervu dýně ušlehejte v mixéru do krémové pěny.
b) Vmíchejte skořici, nové koření, muškátový oříšek a pekanové ořechy, dokud se důkladně nespojí.
c) Před podáváním nechte jednu hodinu vychladit v lednici.

81.Bavorský párty dip/pomazánka

SLOŽENÍ:
- ½ šálku cibule, mleté
- 1 libra Braunschweiger
- 3 unce smetanového sýra
- ¼ lžičky černého pepře

INSTRUKCE:
a) smažte cibuli 8-10 minut; vyjměte z tepla a vypusťte.
b) Z Braunschweigru vyjměte střívka a maso rozmixujte se smetanovým sýrem do hladka. Vmícháme cibuli a pepř.
c) Podávejte jako játrovou pomazánku na sušenkách, na tenké plátky nakrájené party žito nebo podávejte jako dip s řadou čerstvé syrové zeleniny, jako je mrkev, celer, brokolice, ředkvičky, květák nebo cherry rajčata.

82. Párty dip z pečeného artyčoku

SLOŽENÍ:

- 1 Bochník velkého tmavého žitného chleba
- 2 lžíce másla
- 1 svazek zelené cibule; sekaný
- 6 stroužků čerstvého česneku; jemně mleté, až 8
- 8 uncí smetanového sýra; při pokojové teplotě.
- 16 uncí Zakysaná smetana
- 12 uncí Strouhaný sýr čedar
- 14-uncová plechovka artyčokových srdíček; scedíme a nakrájíme na čtvrtky

INSTRUKCE:

a) V horní části bochníku chleba vyřízněte otvor o průměru asi 5 palců. Z nakrájené části vyjměte měkký chléb a vyhoďte.

b) Kůru si ponechte, aby byla vršek na bochník.

c) Vydlabejte většinu měkké vnitřní části bochníku a uschovejte pro jiné účely, jako je nádivka nebo sušené strouhanky. V másle,

d) restujte, dokud cibule nezvadne. Smetanový sýr nakrájíme na malé kousky a přidáme cibuli, česnek, zakysanou smetanu a sýr čedar. Dobře promíchejte. Vložíme artyčoková srdíčka, celou tuto směs vydlabeme na vydlabaný chléb. Položte na chléb a zabalte do odolné hliníkové fólie. Pečeme v troubě vyhřáté na 350 stupňů 1½ hodiny.

e) Až budete připraveni, odstraňte fólii a podávejte s koktejlovým žitným chlebem k namáčení omáčky.

83. Hospodský sýrový dip

SLOŽENÍ:
- 3 polévkové lžíce hrubě sekaný, nakládané jalapeno papriky
- 1 pohár tvrdý jablečný mošt
- ⅛ čajová lžička přízemní Červené pepř
- 2 poháry skartované další ostrý, žlutá čedar sýr
- 2 poháry skartované Colby Sýr
- 2 polévkové lžíce kukuřičný škrob
- 1 lžíce Dijon hořčice
- 60 sušenky

INSTRUKCE:
a) v A střední míchání miska, kombajn čedar sýr, Colby sýr, a kukuřičný škrob. Místo stranou.
b) v A střední pánev, kombajn jablečný mošt a hořčice.
c) kuchař až do vařící přes středně vysoký teplo.
d) Pomalu metla v a sýr směs, A málo na A čas, až do hladký.
e) Otočit se vypnuto a teplo.
f) Míchat v a jalapeno a Červené papriky.
g) Místo a směs v A 1-litrový pomalý sporák nebo fondue hrnec.
h) Držet teplý na nízký teplo.
i) Sloužit vedle sušenky.

84. Nízkosacharidový dip na pizzu

SLOŽENÍ:
- 6 unce krému Sýr mikrovlnami
- ¼ pohár Kyselý Krém
- ½ pohár mozzarella Sýr, skartované
- Sůl a Pepř na Chuť
- ¼ pohár Majonéza
- ½ pohár mozzarella Sýr, skartované
- ½ pohár Nízkosacharidové Rajče Omáčka
- ¼ pohár parmazán Sýr

INSTRUKCE:
a) Předehřejte a trouba na 350 stupně Fahrenheita.
b) Směs a krém sýr, kyselý krém, majonéza, mozzarella , sůl a pepř.
c) Nalévat do ramekins a šíření Rajče Omáčka přes každý ramekin tak jako studna tak jako mozzarella sýr a parmazán sýr .
d) Horní vaše pánev pizza poklesy s vaše oblíbený polevy.
e) Upéct pro 20 minut .
f) Sloužit vedle nějaký Chutný tyčinky nebo vepřové kůry!

85.Krabí rangoon dip

SLOŽENÍ:
- 1 (8 uncí) balík z krém sýr, změkčil
- 2 polévkové lžíce olivový olej majonéza
- 1 lžíce čerstvě vymačkaný citrón džus
- ½ čajová lžička moře sůl
- ¼ čajová lžička Černá pepř
- 2 hřebíček česnek, mletý
- 2 střední zelená cibule, na kostičky
- ½ pohár skartované parmazán sýr
- 4 unce (o ½ pohár) z konzervy bílý krabí maso

INSTRUKCE:
a) Předehřejte trouba na 350 °F.
b) v A střední miska, směs krém sýr, majonéza, citrón džus, sůl, a pepř s A ruka mixér až do studna začleněno.
c) Přidat česnek, cibule, parmazán sýr, a krabí maso a složit do a směs s A špachtle.
d) Převod směs na an vhodné do trouby herka a rozprostřete **TO** rovnoměrně.
e) Pečeme 30-35 minut až do vrchol z dip je mírně zhnědlé. Sloužit teplý.

86. Pikantní dip s krevetami a sýrem

SLOŽENÍ:

- 2 plátky slaniny bez přidaného cukru
- 2 středně žluté cibule, oloupané a nakrájené na kostičky
- 2 stroužky česneku, mleté
- 1 šálek popcornových krevet (ne obalovaných), uvařených
- 1 střední rajče, nakrájené na kostičky
- 3 šálky strouhaného sýra Monterey jack
- ¼ lžičky Frank's Red-hot omáčky
- ¼ lžičky kajenského pepře
- ¼ lžičky černého pepře

INSTRUKCE:

a) kuchař a slanina v A střední pánev přes střední teplo až do křupavý, o 5–10 minut. Držet tuk v a pánev. Položit a slanina na A papír ručník na chladný. Když chladný, rozpadat se a slanina s vaše prsty.

b) Přidat a cibule a česnek na a slanina kapky v a pánev a restovat přes středně nízké teplo až do ony jsou měkký a vonný, o 10 minut.

c) Kombajn Všechno ingredience v A pomalý sporák; míchat studna. kuchař pokrytý na nízký nastavení pro 1–2 hodin nebo až do sýr je plně roztavený.

87.Dip z česneku a slaniny

SLOŽENÍ:
- 8 plátků slaniny bez přidaného cukru
- 2 šálky nakrájeného špenátu
- 1 (8 uncí) balení smetanového sýra, měkčeného
- ¼ šálku plnotučné zakysané smetany
- ¼ šálku obyčejného plnotučného řeckého jogurtu
- 2 lžíce nasekané čerstvé petrželky
- 1 lžíce citronové šťávy
- 6 stroužků pečeného česneku, rozmačkané
- 1 lžička soli
- ½ lžičky černého pepře
- ½ šálku strouhaného parmazánu

INSTRUKCE:
a) Předehřejte trouba na 350 °F.
b) kuchař slanina v A střední pánev přes střední teplo až do křupavý. Odstranit slanina z a pánev a soubor stranou na A talíř lemované s papír ručníky.
c) Přidat špenát na a horký pánev a kuchař až do zvadlé. Odstranit z teplo a soubor stranou.
d) Na A střední miska, přidat krém sýr, kyselý krém, jogurt, petržel, citrón džus, česnek, sůl, a pepř a porazit s A ruční mixér až do kombinovaný.
e) Zhruba kotleta slanina a míchat do krém sýr směs. Míchat v špenát a parmazán sýr.
f) Převod na an 8" × 8" pečení pánev a upéct pro 30 minut nebo až do horký a temperamentní.

88. Smetanový dip z kozího sýra Pesto

SLOŽENÍ:
- 2 poháry zabalené čerstvý bazalka listy
- ½ pohár strouhaný parmazán sýr
- 8 unce z kozy sýr
- 1 -2 lžičky mletý česnek
- ½ čajová lžička sůl
- ½ pohár olivový olej

INSTRUKCE:
a) Směs bazalka, sýr, česnek, a sůl v A jídlo procesor nebo mixér až do hladký. Přidat olivový olej v an dokonce proud a směs až do kombinovaný.
b) Sloužit ihned nebo obchod v lednice .

89.Horká pizza Super dip

SLOŽENÍ:
- Změkčený Krém Sýr
- Majonéza
- mozzarella Sýr
- Bazalka
- Oregano
- Česnek Prášek
- Pepperoni
- Černá Olivy
- Zelená Zvonek Papriky

INSTRUKCE:

a) Směs v vaše změkčil krém sýr, majonéza, a A málo bit z mozzarella sýr. Přidat A posypat z bazalka, oregano, petržel, a česnek prášek, a míchat až do své hezky kombinovaný.

b) Vyplnit to do vaše hluboký jídlo koláč talíř a šíření to ven v an dokonce vrstva.

c) Šíření vaše pizza omáčka na horní a přidat vaše přednostně polevy. Pro tento příklad, my vůle přidat mozzarella sýr, pepperoni Černá olivy, a zelená papriky. Upéct na 350 pro 20 minut.

90.Zapečený špenát a artyčokový dip

SLOŽENÍ:
- 14 unce mohou artyčok srdce, vyčerpaný a sekaný
- 10 unce zmrazené sekaný špenát rozmražené
- 1 pohár nemovitý majonéza
- 1 pohár strouhaný parmazán sýr
- 1 česnek stroužek lisované

INSTRUKCE:
a) Rozmrazit zamrzlý špenát pak sevření to schnout s vaše ruce.
b) Míchat spolu: vyčerpaný a sekaný artyčok, vymačkaný špenát, 1 pohár majonéza, ¾ pohár parmazán sýr, 1 lisované česnek stroužek, a převod na A 1-litrový kastrol nebo koláč jídlo.
c) Posypat na zbývající ¼ pohár parmazán sýr.
d) Upéct odkryté pro 25 minut na 350°F nebo až do vyhřívaný přes. Sloužit s vaše oblíbený crostini, bramborové hranolky, nebo sušenky.

91. Artyčokový dip

SLOŽENÍ:
- 2 poháry z artyčok srdce, sekaný
- 1 pohár majonéza nebo světlo majonéza
- 1 pohár skartované parmazán

INSTRUKCE:

a) Kombajn Všechno ingredience, a místo a směs v A namazaný pečení jídlo. Upéct pro 30 minut na 350 °F.

b) Upéct a dip až do to je lehce zhnědlé a temperamentní na horní.

92.Krémový artyčokový dip

SLOŽENÍ:
- 2 X 8 unce balíčky z krém sýr, pokoj, místnost tepl
- ⅓ pohár kyselý krém
- ¼ pohár majonéza
- 1 lžíce citrón džus
- 1 lžíce Dijon hořčice
- 1 česnek stroužek
- 1 čajová lžička Worcestershire omáčka
- ½ čajová lžička horký pepř omáčka
- 3 X 6 unce sklenice z marinovaný artyčok srdce, vyčerpaný a sekaný
- 1 pohár strouhaný mozzarella sýr
- 3 jarní cibulky
- 2 čajová lžička mletý jalapeňo

INSTRUKCE:
a) Použitím an elektrický mixér porazit a První 8 ingrediencí v A velký miska až do smíšené. Složit v artyčoky, mozzarella, jarní cibulky, a jalapeňo.
b) Převod na A pečení jídlo.
c) Předehřejte a trouba na 400 °F.
d) Upéct dip až do bublání a hnědý na horní- o 20 minut.

93.Dip s koprem a smetanovým sýrem

SLOŽENÍ:
- 1 pohár prostý sója jogurt
- 4 unce krému Sýr
- 1 lžíce citrón džus
- 2 polévkové lžíce sušené pažitka
- 2 polévkové lžíce sušené kopr plevel
- 1/2 čajová lžička moře sůl
- Pomlčka pepř

INSTRUKCE:
a) Vše promícháme a dáme do lednice alespoň na hodinu.

94. Divoká rýže a chilli dip

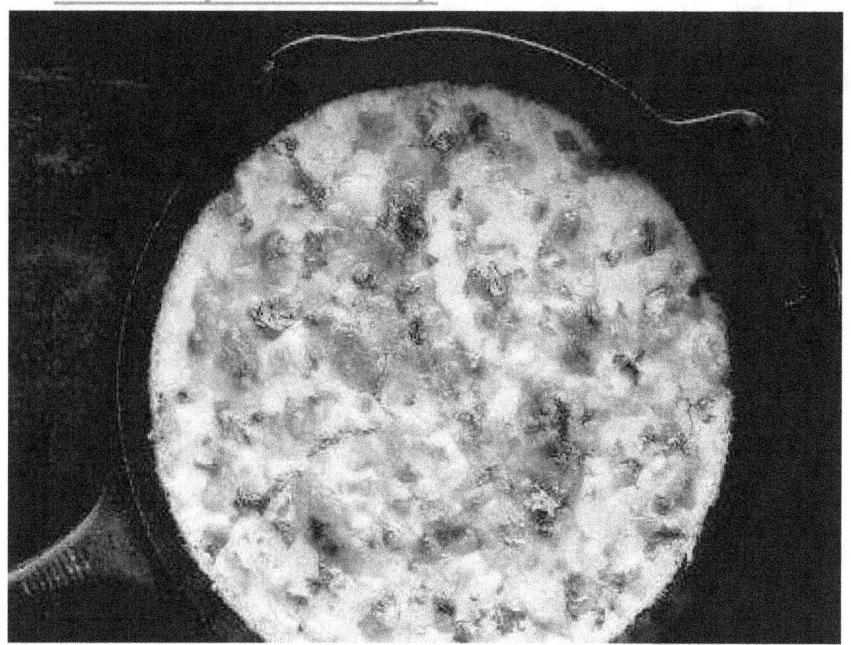

SLOŽENÍ:
- 12 unce z vařené čočka
- ¼ pohár bez kvasinek zeleniny vývar
- ¼ pohár sekaný zelená zvonek pepř
- 1/2 stroužek česnek, lisované
- 1 pohár na kostičky rajčata
- ¼ pohár sekaný cibule
- 2 unce smetany Sýr
- 1/2 lžíce chilli prášek
- 1/2 čajová lžička kmín
- ¼ čajová lžička moře sůl
- Pomlčka paprika
- 1/2 pohár vařené divoký rýže

INSTRUKCE:
a) v A malý pánev, kuchař a čočka a zeleniny vývar.
b) Přidat a cibule, zvonek pepř, česnek, a rajčata a kuchař pro 8 minut přes střední teplo.
c) v A mixér, kombajn Krém Sýr, chilli prášek, kmín, a moře sůl až do hladký.
d) Kombajn a rýže, krém sýr směs, a čočka zeleniny směs v A velký míchání miska a hození studna.

95.Pikantní dip z dýně a smetanového sýra

SLOŽENÍ:
- 8 unce z Krém Sýr
- 15 unce neslazené konzervy dýně
- 1 čajová lžička skořice
- ¼ čajová lžička nové koření
- ¼ čajová lžička muškátový oříšek
- 10 pekanové ořechy, rozbitý

INSTRUKCE:
a) Bič a Krém Sýr a konzervy dýně spolu v A mixér až do krémová.
b) Míchat v a skořice, nové koření, muškátový oříšek, a pekanové ořechy až do důkladně kombinovaný.
c) Před porce, chlad pro jeden hodina v a lednička.

ASIJSKÉ MÁČENÍ OMÁČKY

96.Meruňka A Chile Omáčka

SLOŽENÍ:
- 4 sušené meruňky
- 1 šálek bílé hroznový džus nebo jablko džus
- 1 lžička asijský chilli vložit
- 1 lžička strouhaný čerstvý Zrzavý
- 1 lžíce sója omáčka
- 1 lžíce rýže ocet

INSTRUKCE:
a) v A malý pánev, kombajn a meruňky a hroznový džus a teplo prostě na A vařit. Odstranit z a teplo a soubor stranou pro 10 minut na dovolit a meruňky na změkčit.
b) Převod a meruňka směs na A mixér nebo jídlo procesor a proces až do hladký. Přidat a chilli vložit, Zrzavý, sója omáčka, a ocet a proces až do hladký. Chuť, upravování koření -li nutné.
c) Převod na A malý miska. Li ne použitím že jo pryč, Pokrýt a chladit až do potřeboval.
d) Správně uložené, a omáčka vůle držet pro 2 na 3 dní.

97. Mango-ponzu omáčka

SLOŽENÍ:
- 1 pohár na kostičky zralý mango
- 1 lžíce ponzu omáčka
- ¼ čajová lžička asijský chilli vložit
- ¼ čajová lžička cukr
- 2 polévkové lžíce voda, Plus více -li potřeboval

INSTRUKCE:
a) v A mixér nebo jídlo procesor, kombajn Všechno ingredience a směs až do hladký, přidávání další lžíce z voda -li A ředidlo omáčka je požadovaný.
b) Převod na A malý miska. Sloužit ihned nebo Pokrýt a chladit až do připraven na použití. Tento omáčka je nejlepší použitý na a stejný den to je vyrobeno.

98.Sojová zázvorová omáčka

SLOŽENÍ:
- 1/4 šálku sójové omáčky
- 2 lžíce rýžového octa
- 1 lžíce sezamového oleje
- 1 lžíce medu nebo hnědého cukru
- 1 lžička čerstvě nastrouhaného zázvoru
- 1 stroužek česneku, nasekaný
- 1 lžíce nakrájené zelené cibule (volitelně)

INSTRUKCE:
a) V malé misce prošlehejte sójovou omáčku, rýžový ocet, sezamový olej, med nebo hnědý cukr, nastrouhaný zázvor, mletý česnek a nakrájenou zelenou cibulku (pokud ji používáte).
b) Míchejte, dokud se dobře nespojí.
c) Upravte sladkost nebo slanost podle chuti přidáním více medu/cukru nebo sójové omáčky, pokud je to potřeba.
d) Podáváme jako omáčka na knedlíky, jarní závitky nebo grilovaná masa.

99.Pikantní arašídová omáčka

SLOŽENÍ:
- 1/4 šálku krémového arašídového másla
- 2 lžíce sójové omáčky
- 1 lžíce rýžového octa
- 1 lžíce medu nebo javorového sirupu
- 1 lžička sezamového oleje
- 1 stroužek česneku, nasekaný
- 1 lžička omáčky sriracha (upravte podle chuti)
- 2-3 lžíce vody (na zředění omáčky)
- Nakrájené arašídy a nakrájená zelená cibulka na ozdobu (volitelné)

INSTRUKCE:
a) V míse smíchejte smetanové arašídové máslo, sójovou omáčku, rýžový ocet, med nebo javorový sirup, sezamový olej, mletý česnek a omáčku sriracha.
b) Dobře promíchejte, dokud nebude hladká.
c) Postupně přidávejte vodu, abyste dosáhli požadované konzistence.
d) Upravte koření přidáním více sójové omáčky, medu nebo srirachy podle chuti.
e) V případě potřeby ozdobte nasekanými arašídy a nakrájenou zelenou cibulkou.
f) Podávejte jako omáčka na čerstvé jarní závitky, satay špízy nebo nudle.

100.Sladká chilli omáčka s limetkou

SLOŽENÍ:

- 1/4 šálku sladké chilli omáčky
- Šťáva z 1 limetky
- 1 lžíce sójové omáčky
- 1 lžička sezamového oleje
- 1 stroužek česneku, nasekaný
- 1 lžička strouhaného zázvoru
- 1 lžíce nasekaného koriandru (volitelně)
- Tenké plátky chilli pro extra teplo (volitelné)

INSTRUKCE:

a) V malé misce smíchejte sladkou chilli omáčku, limetkovou šťávu, sójovou omáčku, sezamový olej, mletý česnek, nastrouhaný zázvor a nasekaný koriandr (pokud používáte).
b) Pokud chcete extra teplo, přidejte chilli papričky nakrájené na tenké plátky.
c) Upravte sladkost nebo pikantnost přidáním více sladké chilli omáčky nebo limetkové šťávy, pokud je to potřeba.
d) Podávejte jako omáčka na krevety, jarní závitky nebo smažené tofu.

ZÁVĚR

Když zakončíme naši cestu světem dipů a pomazánek, doufám, že se cítíte inspirováni k tomu, abyste svou hru s občerstvením pozvedli a proměnili obyčejné okamžiky na nevšední zážitky. Kniha "Kompletní recepty na dipy a pomazánky" byla vytvořena s vášní pro chuť a láskou ke sdílení dobrého jídla s blízkými.

Až budete pokračovat v objevování lahodného světa dipů a pomazánek, pamatujte, že možnosti jsou nekonečné. Ať už experimentujete s novými kombinacemi chutí, upravujete recepty tak, aby vyhovovaly vašim chuťovým preferencím, nebo si jednoduše užíváte potěšení z namáčení a roztírání, může být každé sousto připomínkou radosti, která pochází ze sdílení jídla a vytváření vzpomínek s ostatními.

Děkuji, že jste se ke mně připojili na tomto kulinářském dobrodružství. Ať jsou vaše dipy krémové, vaše pomazánky chutné a vaše zážitky z mlsání jsou opravdu mimořádné. Než se znovu setkáme, šťastné máčení a šíření!

www.ingramcontent.com/pod-product-compliance
Lightning Source LLC
Chambersburg PA
CBHW050346120526
44590CB00015B/1575